Tácticas de conversación

Descubre el poder de la persuasión y el lenguaje corporal
para mantener conversaciones fluidas y exitosas

RONALD S. DUCKS

© Copyright 2024 – Todos los derechos reservados

El contenido de este libro no puede reproducirse, duplicarse ni transmitirse sin el permiso directo por escrito del autor. Bajo ninguna circunstancia se imputará al editor ninguna responsabilidad legal o culpa por cualquier reparación, daño o pérdida monetaria debido a la información contenida en este documento, ya sea directa o indirectamente.

Aviso Legal:

No puede enmendar, distribuir, vender, usar, citar o parafrasear ninguna parte del contenido de este libro sin el consentimiento del autor.

Aviso de exención de responsabilidad:

Tenga en cuenta que la información contenida en este documento es solo para fines educativos y de entretenimiento. No hay garantías de ningún tipo expresas ni implícitas. Los lectores reconocen que el autor no participa en la prestación de asesoramiento legal, financiero, médico o profesional.

Índice

Introducción	5
Capítulo 1: ¿Por qué debemos saber conversar?	8
Capítulo 2: El poder de una comunicación efectiva	33
Capítulo 3: Análisis del lenguaje corporal	77
Capítulo 4: El arte de hablar fluido	103
Capítulo 5: Maestría para ganar una discusión en cualquier tema	122
Conclusión	150

Introducción

En un mundo donde la comunicación es el puente hacia casi todo lo que deseamos, saber conversar de manera efectiva es una habilidad indispensable. Desde nuestras relaciones personales hasta nuestro desempeño profesional, la calidad de nuestras conversaciones define el éxito de nuestras interacciones y el impacto que generamos en los demás. A pesar de esto, muchos subestiman el arte de una buena conversación, creyendo que simplemente hablar es suficiente. Sin embargo, las conversaciones realmente efectivas requieren un conjunto de habilidades que pocos dominan.

Este libro, *Tácticas de Conversación*, nace con el propósito de ofrecerte una guía práctica y profunda sobre cómo manejar cualquier interacción verbal para lograr tus objetivos, ya sea persuadir, conectar emocionalmente o simplemente entender y ser entendido. Aquí, aprenderás a iniciar conversaciones con confianza, mantenerlas de manera fluida y ganarlas sin caer en la confrontación, todo mientras desarrollas un estilo comunicativo que inspire respeto, colaboración y éxito.

En un mundo donde estamos rodeados de información y distracciones, saber cómo transmitir tus ideas y conectar de manera significativa con los demás se ha convertido en una ventaja competitiva. Este libro te ayudará a mejorar tanto tus habilidades personales como profesionales, ofreciéndote tácticas probadas y fáciles de aplicar que harán que tus conversaciones sean más persuasivas, claras y poderosas.

¿Por qué deberías leer este libro?

- **Para mejorar tu capacidad de influencia:** Todos deseamos que nuestras ideas sean escuchadas y valoradas. Este libro te proporcionará las herramientas para estructurar tus mensajes de manera que tengan impacto, utilizando técnicas de persuasión que funcionan en cualquier contexto.
- **Para convertirte en un comunicador seguro:** A veces, nos cuesta iniciar conversaciones o mantener el hilo, lo que puede afectar nuestra confianza. Aquí aprenderás estrategias para hablar con fluidez y superar barreras como el uso de muletillas, las interrupciones y los silencios incómodos.
- **Para manejar discusiones sin conflictos innecesarios:** Discutir no tiene que ser sinónimo de pelear. En este libro, te enseñaremos cómo ganar una discusión de forma respetuosa, manteniendo el control emocional y logrando que tu mensaje se escuche sin caer en la agresividad.
- **Para aprender a escuchar mejor:** Una buena conversación no se trata solo de hablar, sino de saber escuchar y entender a los demás. Te mostraremos cómo escuchar las emociones y el lenguaje no verbal para que puedas conectar mejor con tus interlocutores y adaptar tu mensaje de manera más efectiva.
- **Para ser más persuasivo y auténtico:** La persuasión no es manipulación. Este libro te enseñará cómo inspirar y motivar a otros desde la autenticidad, utilizando historias, valores y una comunicación coherente que resuene con los demás.

¿Qué encontrarás en este libro?

A lo largo de los capítulos, te guiaremos paso a paso por las diferentes fases de una conversación eficaz:

1. **Por qué debemos saber conversar:** Aquí descubrirás los principios de una conversación eficaz y cómo puedes usar las leyes de la persuasión para influir en los demás sin ser manipulador.
2. **El poder de una comunicación efectiva:** Aprenderás tácticas para iniciar y mantener una conversación, desde cómo presentarte con seguridad hasta evitar los silencios incómodos, pasando por la importancia de no interrumpir y cómo cambiar de tema sin perder el control de la conversación.
3. **Análisis del lenguaje corporal:** Más allá de las palabras, entenderás cómo el lenguaje corporal afecta la percepción de tus mensajes y cómo puedes usarlo a tu favor para crear conexiones y transmitir seguridad.
4. **El arte de hablar fluido:** A través de ejercicios prácticos, mejorarás tu capacidad para hablar de manera clara y sin interrupciones, eliminando muletillas, mejorando tu dicción y evitando las repeticiones innecesarias.
5. **Maestría para ganar una discusión en cualquier tema:** Finalmente, aprenderás a manejar desacuerdos de manera inteligente y respetuosa, identificando el mejor momento para discutir, evitando malentendidos y usando la empatía como una herramienta para ganar cualquier discusión sin recurrir a gritos o insultos.

Tu transformación como comunicador

Este libro no solo pretende mejorar tus habilidades para comunicarte mejor, sino que busca transformarte en un verdadero maestro de las conversaciones. Desde la primera palabra hasta la última, descubrirás cómo llevar tus interacciones a un nuevo nivel de efectividad y persuasión. Con esta guía, podrás aprender las herramientas necesarias para dejar una impresión duradera, influir en las decisiones de los demás y crear relaciones más significativas tanto en tu vida personal como profesional.

Cada conversación es una oportunidad para lograr algo importante. Este libro te ayudará a aprovechar cada una de esas oportunidades al máximo.

Capítulo 1: ¿Por qué debemos saber conversar?

"El arte de la conversación reside en escuchar tanto como en hablar."

— Epicteto

Qué es una conversación eficaz

Para comprender qué es una conversación eficaz, debes partir de la idea de que no todas las interacciones verbales son iguales. Seguramente, en muchas ocasiones has intercambiado palabras sin que tu mensaje haya sido verdaderamente comprendido o sin lograr el propósito que tenías en mente. Una conversación eficaz, por el contrario, es aquella en la que logras no solo transmitir tus ideas con claridad, sino también influir en la percepción, actitudes o acciones de tu interlocutor, acercándote así a tus objetivos.

Una conversación eficaz implica un intercambio bidireccional en el que las palabras no son lanzadas al azar; cada intervención busca un propósito concreto. Ya sea que desees persuadir a alguien para que adopte tu punto de vista, resolver un conflicto o simplemente fortalecer una relación, el éxito de tu conversación dependerá de tu habilidad para conectar genuinamente con la otra persona. Esto requiere que no solo te expreses con claridad, sino que también sepas escuchar activamente, interpretando lo que el otro dice y adaptando tu respuesta en función de lo que has escuchado. La escucha activa va más allá de prestar atención a las palabras; se trata de comprender el mensaje completo, captando el tono, el lenguaje corporal y las emociones que lo acompañan.

Piensa en esas veces en que una conversación fluía sin esfuerzo. Probablemente hubo claridad en el mensaje, reciprocidad en la participación y una conexión emocional. Esto sucede porque una conversación eficaz no es un monólogo, sino un diálogo donde ambas partes sienten que tienen espacio para ser escuchadas y comprendidas. Cuando logras que tu interlocutor se sienta parte activa de la interacción, creas una atmósfera en la que es más probable que tus ideas sean aceptadas o que se llegue a un acuerdo. El propósito no es hablar más, sino hablar mejor, comunicando lo que realmente importa y en el momento adecuado.

Para que tus conversaciones sean eficaces, debes ser claro y evitar la ambigüedad. Cuando un mensaje se expresa de forma directa, sin rodeos ni tecnicismos innecesarios, es más fácil que la otra persona lo comprenda y responda adecuadamente. Esto no significa simplificar en exceso, sino asegurarte de que el mensaje sea accesible y relevante para la persona con la que hablas. Además, es fundamental que no se trate solo de transmitir información, sino de crear un entendimiento común. La eficacia en la conversación se mide en función de la claridad de tu mensaje y la respuesta que obtienes.

Otro elemento esencial es la empatía. Para persuadir o lograr un acuerdo, necesitas conectar emocionalmente con el otro, mostrando que entiendes su perspectiva y te importa lo que tiene que decir. Esto no se trata de manipular las emociones, sino de establecer un terreno común que permita que la comunicación sea más fluida y efectiva. Cuando muestras empatía, abres la puerta a una conversación más abierta y honesta, en la que tu interlocutor estará más dispuesto a considerar tus puntos de vista.

La adaptabilidad también juega un papel clave en la conversación eficaz. Cada contexto y cada persona requieren un enfoque distinto. No es lo mismo conversar en un entorno laboral que en un encuentro social, ni es igual hablar con alguien muy cercano que con una persona que acabas de conocer. Adaptar tu lenguaje, tono y ritmo a la situación concreta incrementa las posibilidades de éxito en la conversación. Debes estar preparado para ajustar tu mensaje según las reacciones del otro y ser flexible ante posibles cambios de dirección en el diálogo.

Una conversación eficaz también demanda que sepas manejar el flujo de la interacción. Si hablas en exceso, corres el riesgo de aburrir o perder a tu interlocutor; si interrumpes constantemente, puedes generar frustración y cortar el hilo de la comunicación. La habilidad de guiar la conversación sin monopolizarla, permitiendo que la otra persona también participe, es crucial para mantener el interés y la relevancia del diálogo. Es como un baile en el que debes saber cuándo dar un paso adelante y cuándo retroceder, siempre buscando que la conversación avance hacia el objetivo planteado.

Existen errores comunes que pueden sabotear tus intentos de mantener una conversación eficaz. Hablar en exceso, no mostrar interés genuino por lo que dice el otro o utilizar un lenguaje poco claro son algunos de los obstáculos que pueden dificultar el logro de tus objetivos comunicativos. Cuando monopolizas el diálogo, no das espacio a la otra persona para participar activamente, lo que reduce las posibilidades de que sienta conexión o interés por lo que le estás proponiendo. Por otro lado, si no demuestras que realmente te importa lo que tu interlocutor tiene que decir, es probable que el diálogo se convierta en un intercambio superficial y carente de impacto.

Para medir la eficacia de una conversación, es necesario evaluar si se ha alcanzado el objetivo inicial. Esto podría implicar que la otra persona ha adoptado un nuevo punto de vista, ha cambiado de actitud o ha tomado una acción específica como resultado de la conversación. Además, es importante que sientas que ha habido un entendimiento mutuo, donde ambas partes se han comprendido y han respondido de manera acorde a lo discutido. La respuesta emocional del interlocutor es otra señal que te puede indicar si has logrado conectar y persuadir efectivamente.

La relación entre una conversación eficaz y la persuasión es evidente: cuanto más claro, empático y adaptable seas, más probable será que influyas en el otro. Las tácticas persuasivas, como el uso de la reciprocidad, la demostración de autoridad en el tema o la apelación a emociones comunes, pueden ser mucho más efectivas en un contexto de comunicación clara y receptiva. Para que puedas persuadir, primero necesitas generar confianza, y esta se construye a partir de la transparencia en tus intenciones, la coherencia en tu mensaje y la habilidad para escuchar y adaptarte.

Las teorías y estudios en comunicación avalan la importancia de estos principios. La teoría de la comunicación humana, por ejemplo, sugiere que todo intercambio tiene un componente de contenido (lo que se dice) y otro relacional (cómo se dice), lo cual determina la percepción y la respuesta del interlocutor. Del mismo modo, investigaciones sobre la escucha activa han demostrado que los comunicadores más exitosos son aquellos que dedican la mayor parte del tiempo a escuchar, lo que les permite comprender mejor las necesidades y perspectivas del otro, y ajustar su mensaje para lograr una mayor efectividad.

¿Qué podemos obtener con una buena conversación?
Cuando aprendes a mantener una buena conversación, lo que realmente estás haciendo es adquirir una herramienta poderosa que te permitirá alcanzar objetivos importantes en diferentes aspectos de tu vida. Las habilidades comunicativas no solo facilitan el intercambio de información; van mucho más allá, influyendo directamente en la manera en que te conectas con los demás, resuelves problemas, alcanzas acuerdos e incluso moldeas la percepción que otros tienen de ti. Saber conversar, entonces, no es una simple habilidad social, sino una competencia estratégica que puede transformar tanto tu vida personal como profesional.

Esto es lo que puedes obtener si logras crear una buena conversación:

Construcción y fortalecimiento de relaciones:

- Las buenas conversaciones son fundamentales para establecer vínculos más profundos y significativos con las personas que te rodean, ya sea en tu vida personal o profesional.
- Comunicarse de manera efectiva no solo implica transmitir tus ideas, sino también demostrar un interés genuino en el otro. Esto crea confianza y respeto mutuo, dos elementos esenciales para cualquier relación sólida.

- Una conversación de calidad ayuda a resolver conflictos y aclarar malentendidos, creando un ambiente propicio para el diálogo abierto y la comprensión.

Influencia y persuasión:

- Saber conversar te permite influir en las decisiones y actitudes de los demás. Esta habilidad es clave en negociaciones, debates o cualquier situación en la que busques persuadir a alguien para lograr un acuerdo.
- Al presentar tus argumentos de manera clara y convincente, adaptándolos a las necesidades del interlocutor, aumentas las posibilidades de éxito.
- La persuasión no se trata solo de "ganar" una conversación, sino de encontrar puntos de acuerdo que sean beneficiosos para todas las partes involucradas.

Resolución de problemas:

- Una buena conversación facilita la identificación y solución de problemas, ya que permite expresar puntos de vista, escuchar opiniones diferentes y llegar a acuerdos.
- Cuando todas las partes se sienten escuchadas, es más probable que se generen soluciones creativas y aceptables para todos.
- Esto es especialmente relevante en contextos laborales, donde las decisiones complejas requieren colaboración y comunicación efectiva.

Mejora de la imagen personal y profesional:

- La forma en que te comunicas influye directamente en la percepción que los demás tienen de ti. Una conversación

clara y adaptada al contexto proyecta confianza y competencia.
- Dominar el arte de conversar puede abrirte puertas, ya sea para avanzar en tu carrera, liderar proyectos o establecer nuevas conexiones.
- Las personas que se comunican con eficacia suelen ser vistas como más carismáticas y capaces, lo que les da una ventaja en diferentes ámbitos.

Bienestar emocional:

- Conversar de manera efectiva reduce la ansiedad y el estrés, ya que evita malentendidos y fomenta un sentido de conexión con los demás.
- La posibilidad de expresar pensamientos y emociones libremente durante una conversación mejora la satisfacción personal y la estabilidad emocional.
- Sentirse comprendido y conectar con otros a través del diálogo contribuye al bienestar general y la resiliencia ante situaciones difíciles.

Acceso a información valiosa:

- Una buena conversación te permite obtener conocimientos que no tendrías de otra manera, ya sea escuchando a otros o haciendo preguntas relevantes.
- Esta habilidad para extraer información útil es valiosa en cualquier contexto, ya sea profesional, social o personal.
- Al guiar la conversación hacia temas que te interesan o son importantes, obtienes datos y perspectivas que te ayudan a tomar decisiones más informadas.

Cómo dar un mensaje claro

Para que una conversación sea eficaz y logres persuadir o alcanzar tus objetivos, es fundamental que tus mensajes sean claros y precisos. Un mensaje claro no solo facilita la comprensión, sino que también reduce la posibilidad de malentendidos, aumentando la probabilidad de que tu interlocutor responda de manera favorable. Estas cinco estrategias clave, pueden ayudarte a dar un mensaje claro en cualquier conversación.

1. Usa un lenguaje sencillo y directo

El uso de un lenguaje simple no significa que debas hablar de manera simplista; se trata de elegir palabras que sean comprensibles para tu audiencia, evitando tecnicismos o jergas que puedan confundir. Cuando expresas tus ideas con palabras que todos pueden entender, haces que el mensaje sea accesible y fácil de seguir. Si necesitas usar términos complejos o específicos, asegúrate de explicarlos brevemente para que todos estén en sintonía.

- **Ejemplo:** En lugar de decir "implementaremos un enfoque sinérgico para optimizar la eficacia organizacional", podrías decir "vamos a trabajar juntos para mejorar el rendimiento del equipo".

2. Organiza tus ideas antes de hablar

Antes de iniciar la conversación, piensa en lo que quieres comunicar y estructura tus ideas. Esto te permitirá transmitir el mensaje de manera ordenada, lo cual facilita la comprensión. Puedes comenzar con una introducción breve para establecer el contexto, luego presentar los puntos principales en un orden lógico y concluir con un resumen o una llamada a la acción. Al organizar tus ideas, también es más fácil mantener el enfoque en el tema y evitar desviaciones que puedan distraer al interlocutor.

- **Consejo:** Si la conversación es sobre un tema importante o complejo, prepara previamente una lista de los puntos clave que quieres abordar. Esto te ayudará a mantener el hilo conductor y evitará que omitas detalles esenciales.

3. Utiliza ejemplos concretos y analogías

Los ejemplos específicos ayudan a que tu interlocutor comprenda mejor la información que estás transmitiendo, ya que proporcionan un contexto más tangible. Las analogías también son útiles para comparar una idea nueva con algo familiar, haciendo que el concepto sea más fácil de asimilar. Esta técnica es especialmente valiosa cuando necesitas explicar temas abstractos o difíciles.

- **Ejemplo:** Si estás hablando sobre la importancia de la planificación financiera, podrías usar la analogía de conducir un coche. "Es como planear un viaje en coche; necesitas un mapa y un plan de ruta para saber a dónde vas y cómo llegar allí".

4. Sé conciso y evita el exceso de información

Proporcionar demasiada información o detalles irrelevantes puede confundir a tu interlocutor y hacer que pierda interés. Para mantener un mensaje claro, asegúrate de ser directo y enfocarte en los puntos esenciales. Cada palabra cuenta, así que utiliza solo las que sean necesarias para transmitir tu idea sin rodeos. Si debes incluir detalles adicionales, preséntalos de manera gradual y verifica que la otra persona esté siguiendo la conversación antes de continuar.

- **Consejo:** Si notas que el interlocutor muestra señales de confusión o desconexión, detente y pregunta si necesita alguna aclaración antes de seguir adelante.

5. Apóyate en el lenguaje no verbal

El lenguaje corporal, el tono de voz y las expresiones faciales también son parte del mensaje que estás transmitiendo. Utiliza estas herramientas para reforzar lo que dices y evitar malentendidos. Por ejemplo, un tono de voz firme puede dar más peso a una afirmación, mientras que una sonrisa puede suavizar una crítica. También es importante que tu lenguaje no verbal sea congruente con tus palabras; de lo contrario, podrías generar confusión. Si dices que estás tranquilo pero tu tono de voz o postura denotan tensión, el mensaje no será claro.

- **Consejo:** Mantén el contacto visual para demostrar que estás comprometido con la conversación y utiliza gestos que complementen tus palabras para hacer el mensaje más comprensible.

Aplicar estas cinco estrategias te permitirá comunicarte de forma más efectiva, evitando malentendidos y asegurándote de que tu mensaje sea entendido como lo deseas. Al dominar el arte de dar un mensaje claro, estarás más cerca de influir en tus conversaciones y alcanzar los objetivos que te propongas en cada interacción.

Las leyes de la persuasión en una conversación

Para lograr que una conversación sea eficaz y te acerque a tus objetivos, es fundamental conocer y aplicar las leyes de la persuasión. La persuasión es una habilidad que te permite influir en las opiniones, decisiones o comportamientos de las personas a través del diálogo. No se trata de manipular o forzar a otros a aceptar tu punto de vista, sino de presentar tus argumentos de manera que sean convincentes y atractivos para el interlocutor. Entender cómo funcionan estas leyes te dará una ventaja en cualquier situación comunicativa, ya sea en el ámbito personal o profesional.

1. La ley de la reciprocidad

La ley de la reciprocidad es uno de los principios más fundamentales y poderosos de la persuasión. Se basa en la tendencia humana a sentir la necesidad de devolver favores o gestos de cortesía. Este impulso tiene raíces profundas en la psicología social, ya que es una norma cultural ampliamente aceptada en la mayoría de las sociedades: cuando alguien nos da algo, sentimos una obligación casi automática de corresponder. En una conversación, esta ley puede ser utilizada de manera estratégica para influir en la disposición de la otra persona y facilitar la obtención de resultados favorables.

¿Por qué funciona la ley de la reciprocidad?

La reciprocidad tiene un fuerte componente emocional. Cuando alguien recibe un beneficio o gesto amable, se activa en su mente un sentido de deuda, aunque no se trate de una obligación explícita. Este mecanismo psicológico se ha desarrollado a lo largo de la evolución humana como una forma de asegurar la cooperación y la cohesión social. Si las personas no devolvieran favores, sería menos probable que los demás quisieran ayudarlas en el futuro. Por lo tanto, la reciprocidad ha servido como un "pegamento social" que facilita la interacción y el apoyo mutuo.

Los estudios en psicología social han demostrado que incluso los favores pequeños pueden generar un sentimiento significativo de obligación. Por ejemplo, en una investigación clásica, se observó que las personas que recibían un obsequio inesperado, como una bebida, eran mucho más propensas a devolver el favor comprando algo a quien les había dado el obsequio. La ley de la reciprocidad no depende del valor del regalo o favor en sí, sino de la percepción de que se ha recibido algo.

¿Cómo aplicar la ley de la reciprocidad en una conversación?

Para aprovechar este principio de manera efectiva, es importante ofrecer algo de valor al interlocutor antes de solicitar un favor, hacer una propuesta o intentar persuadir. Sin embargo, no se trata de dar por dar, sino de hacerlo con un propósito claro y estratégico.

Aquí te presento algunas formas prácticas de aplicar la reciprocidad en tus conversaciones:

1. **Ofrece información valiosa o un consejo útil:** Cuando proporcionas información relevante que puede ser de utilidad para la otra persona, estás dando algo que tiene un valor concreto. Por ejemplo, si sabes que tu interlocutor tiene un interés o necesidad específica, compartir un dato o recomendación puede ser muy apreciado. Esto no solo demuestra tu disposición a ayudar, sino que también te posiciona como una persona con conocimientos y recursos, lo que puede influir en la receptividad del otro hacia tus propuestas.
2. **Brinda un cumplido sincero:** Un cumplido que sea genuino y relevante puede funcionar como un "regalo" en una conversación. Cuando alguien se siente reconocido o valorado, es más probable que desarrolle una actitud

positiva hacia ti y se muestre más abierto a tus ideas. Es importante que el cumplido sea auténtico y esté relacionado con la situación; de lo contrario, puede parecer manipulador.

3. **Haz un pequeño favor antes de pedir algo:** Este principio es especialmente útil en negociaciones o situaciones en las que necesitas que la otra persona haga algo por ti. Por ejemplo, si sabes que tu colega necesita ayuda con un informe, puedes ofrecer tu colaboración antes de solicitar su apoyo en un proyecto propio. Cuando das algo sin pedir nada a cambio de inmediato, creas una deuda implícita que puede inclinar la balanza a tu favor más adelante.

4. **Comparte una oportunidad o beneficio exclusivo:** Puedes aplicar la reciprocidad haciendo que la otra persona se sienta privilegiada al recibir información o acceso a algo especial. Por ejemplo, si tienes conocimiento de una oferta exclusiva, puedes compartirla con tu interlocutor. Este gesto de generosidad puede hacer que el otro sienta que debe corresponder de alguna manera, ya sea prestando mayor atención a tus argumentos o mostrando interés en tus propuestas.

¿Cuándo y cómo no aplicar la ley de la reciprocidad?

Aunque la ley de la reciprocidad es muy poderosa, es crucial usarla con cuidado y autenticidad. Si se percibe que estás ofreciendo algo con la intención de "comprar" la voluntad de la otra persona, el gesto puede ser visto como manipulador y causar rechazo. Es fundamental que el favor o gesto sea visto como algo genuino y no como una estrategia puramente interesada.

Además, la reciprocidad funciona mejor cuando el "regalo" o favor inicial no es excesivo. Si das algo demasiado valioso, la otra persona podría sentirse incómoda o incluso rechazar el favor para no quedar en deuda contigo. Por lo tanto, es preferible empezar con pequeños gestos o favores que sean apropiados para la situación.

Ejemplos de la ley de la reciprocidad en acción

- **En el entorno laboral:** Imagina que tienes una reunión importante con tu jefe y necesitas su apoyo para aprobar un proyecto. Antes de pedir su respaldo, podrías proporcionarle un informe con datos relevantes que podrían ayudarle a tomar decisiones en otra área. De este modo, demuestras tu disposición a colaborar, lo que podría generar una actitud más favorable hacia tu propuesta.
- **En ventas o negociación:** Un vendedor puede aplicar la ley de la reciprocidad ofreciendo una muestra gratuita de un producto o proporcionando una consulta inicial sin costo. Este gesto crea un sentido de obligación en el cliente potencial, aumentando la probabilidad de que decida comprar.
- **En relaciones personales:** Cuando alguien te invita a su casa o te ofrece un regalo, sientes la necesidad de devolver el favor, ya sea invitándolos en otra ocasión o llevándoles un presente. La reciprocidad fortalece las relaciones porque fomenta la colaboración y el intercambio mutuo.

Además de facilitar la persuasión, la reciprocidad tiene un papel crucial en la construcción de relaciones de confianza. Cuando muestras generosidad sin esperar algo inmediato a cambio, fortaleces la percepción de que eres una persona fiable y que te preocupas por los demás. Esta confianza acumulada puede ser fundamental en el largo plazo, ya que las personas tienden a ayudar y apoyar a quienes han demostrado previamente estar dispuestos a hacer lo mismo.

Para que la ley de la reciprocidad funcione eficazmente, es importante aplicar el principio con intencionalidad, pero sin forzar el resultado. Al integrar la reciprocidad en tus conversaciones de manera auténtica y estratégica, no solo incrementarás tu capacidad de persuadir, sino que también crearás relaciones más sólidas y basadas en el apoyo mutuo.

2. La ley de la coherencia

La ley de la coherencia está basado en la necesidad humana de mantener consistencia entre nuestras palabras, acciones y creencias. Las personas suelen valorar la coherencia porque proporciona un sentido de estabilidad y fiabilidad tanto a nivel personal como social. En una conversación, puedes utilizar esta ley para guiar a tu interlocutor hacia una acción o acuerdo, aprovechando su deseo natural de actuar de manera consistente con sus compromisos previos o afirmaciones.

¿Por qué funciona la ley de la coherencia?

El valor que le damos a la coherencia tiene raíces profundas en la psicología. Cuando una persona se compromete con una idea o una acción, se siente motivada a comportarse de manera coherente con ese compromiso para evitar la disonancia cognitiva, es decir, la incomodidad interna que surge cuando nuestras creencias, pensamientos o comportamientos no están alineados. Además, ser consistente con lo que hemos expresado anteriormente nos ayuda a proyectar una imagen de fiabilidad y compromiso ante los demás.

La coherencia también está relacionada con la forma en que tomamos decisiones. Una vez que hemos elegido un camino o hemos expresado una opinión, es más fácil seguir esa dirección que cambiar de postura. Alguien que cambia de opinión constantemente puede ser percibido como indeciso o poco confiable, mientras que una persona coherente suele ser vista como alguien que sabe lo que quiere y mantiene sus principios.

¿Cómo aplicar la ley de la coherencia en una conversación?

Para utilizar este principio persuasivo de manera efectiva, es importante lograr que tu interlocutor se comprometa inicialmente con una idea o afirmación pequeña que sea difícil de negar. Una vez que ha expresado su apoyo o acuerdo con esa idea, será más probable que actúe de manera consistente con esa posición en el futuro.

A continuación, se presentan algunas estrategias para aplicar la ley de la coherencia en una conversación:

1. **Comienza con un compromiso pequeño y fácil de aceptar:** La mejor manera de activar la necesidad de coherencia es conseguir que la otra persona acepte un compromiso inicial pequeño y manejable. Este primer paso puede ser una afirmación con la que es difícil no estar de acuerdo o una acción mínima, pero significativa. Una vez que ha dado ese primer paso, será más probable que acepte compromisos mayores relacionados con la misma idea.

    Ejemplo: Si estás tratando de convencer a alguien de adoptar un nuevo hábito, como hacer ejercicio, podrías empezar preguntándole si cree que la actividad física es beneficiosa para la salud. Una vez que la persona ha reconocido los beneficios del ejercicio, será más fácil persuadirla de que se una a una clase o salga a caminar.

2. **Utiliza preguntas afirmativas que generen un "sí" inicial:** Hacer preguntas que conduzcan a respuestas afirmativas refuerza la tendencia a ser coherente con esas afirmaciones. Cuando alguien dice "sí" a una serie de preguntas relacionadas, se vuelve más difícil para él o ella contradecirse más adelante. Este enfoque también ayuda a construir una cadena de compromisos positivos que hacen que la acción final parezca una extensión lógica de los acuerdos previos.

    Ejemplo: Durante una negociación, podrías preguntar cosas como: "¿Estás de acuerdo en que este proyecto podría traer beneficios a la empresa?" o "¿No sería genial mejorar la eficiencia del equipo?". Al obtener respuestas afirmativas, estás preparando el terreno para un acuerdo más grande.

3. **Haz que los compromisos sean públicos o escritos:** Los compromisos que se hacen de manera pública o por escrito tienen un mayor impacto en la necesidad de coherencia. Cuando una persona expresa su compromiso ante otros o lo deja por escrito, siente una mayor obligación de cumplirlo para no perder credibilidad. Esto se debe a que romper un compromiso público implica más consecuencias sociales que uno privado.

    Ejemplo: Si estás trabajando en un proyecto con un grupo, puedes pedir a cada miembro que confirme su participación en determinadas tareas por escrito o durante una reunión. Este compromiso público aumenta la probabilidad de que cumplan con lo acordado.

4. **Refuerza la coherencia conectando el compromiso inicial con un valor personal:** Cuando relacionas el compromiso inicial con un valor o creencia personal del interlocutor, haces que sea aún más probable que actúe de manera coherente con esa posición. Esto no solo fortalece la disposición de la persona a cumplir con lo prometido, sino que también apela a su identidad y sus principios, lo cual tiene un peso considerable en la toma de decisiones.

   Ejemplo: Si sabes que tu interlocutor valora la sostenibilidad, podrías vincular tu propuesta a ese valor. "Como alguien que siempre busca cuidar el medio ambiente, estoy seguro de que te interesará esta iniciativa para reducir el consumo energético en la oficina."

5. **Aumenta gradualmente el nivel de compromiso:** La técnica de "pie en la puerta" es un enfoque clásico de persuasión que se basa en la ley de la coherencia. Consiste en pedir algo pequeño primero para luego solicitar un compromiso mayor. La idea es que si alguien ha aceptado el primer pedido, será más probable que acepte uno más grande relacionado con la misma causa o idea.

   Ejemplo: Si deseas que un colega participe en un proyecto grande, podrías empezar pidiéndole que te ayude con una pequeña tarea relacionada. Una vez que ha aceptado colaborar en la primera solicitud, estará más dispuesto a comprometerse con algo más exigente.

¿Cuándo y cómo no aplicar la ley de la coherencia?

Aunque la ley de la coherencia es una herramienta poderosa para la persuasión, es importante no abusar de ella o aplicarla de manera manipuladora. Si la persona siente que está siendo presionada o empujada a comprometerse con algo que realmente no desea hacer, puede rechazar la propuesta o desarrollar una actitud defensiva. La coherencia debe ser utilizada de manera ética y auténtica, respetando siempre la libertad del otro para aceptar o rechazar el compromiso.

Además, es importante asegurarse de que el compromiso inicial sea lo suficientemente pequeño como para ser aceptado sin generar resistencia, pero también lo suficientemente relevante para que sirva de base a compromisos mayores. Si el primer paso no tiene sentido o no está relacionado con la acción final, la ley de la coherencia perderá su eficacia.

Ejemplos de la ley de la coherencia en acción

- **En ventas:** Un vendedor puede empezar pidiendo a un cliente que responda a una breve encuesta sobre sus preferencias. Al expresar sus gustos y necesidades, el cliente estará más predispuesto a aceptar una oferta que se alinee con lo que ya ha expresado.
- **En el ámbito laboral:** Si necesitas que tu equipo adopte una nueva metodología de trabajo, puedes comenzar pidiéndoles que prueben una pequeña parte del proceso. Una vez que se han comprometido con el cambio inicial, estarán más abiertos a implementar la metodología completa.
- **En la vida personal:** Si quieres convencer a un amigo para que te acompañe a un evento, puedes primero preguntarle si le gusta la temática del evento o si ha disfrutado de experiencias similares en el pasado. Al afirmar que le gusta, será más difícil para él negarse a asistir.

Recuerda que aplicar la ley de la coherencia en una conversación no solo facilita la persuasión, sino que también ayuda a construir una imagen de credibilidad y compromiso. Cuando animas a otros a actuar de manera coherente con lo que han expresado previamente, les estás ayudando a cumplir con sus propias expectativas y a proyectar una imagen de personas fiables y responsables.

3. La ley de la autoridad

La ley de la autoridad es un principio de la persuasión que se basa en la tendencia de las personas a seguir el consejo o la guía de aquellos que consideran expertos o figuras de autoridad en un tema. La percepción de autoridad otorga credibilidad y peso a los argumentos presentados, haciendo que los demás sean más receptivos y estén dispuestos a aceptar las recomendaciones o indicaciones. Este principio funciona porque, en muchos casos, confiamos en que las personas con más conocimiento, experiencia o prestigio pueden guiarnos mejor en la toma de decisiones.

¿Por qué funciona la ley de la autoridad?

La inclinación a seguir la autoridad tiene raíces tanto evolutivas como culturales. A lo largo de la historia, nuestra supervivencia ha dependido en gran medida de la capacidad de confiar en el conocimiento y las habilidades de líderes o expertos. En situaciones de incertidumbre, es más seguro seguir la dirección de alguien con más experiencia. La obediencia a la autoridad también está arraigada en la estructura social, ya que desde pequeños aprendemos a respetar y seguir las indicaciones de figuras con más poder o conocimiento, como padres, maestros o profesionales.

Desde un punto de vista psicológico, la ley de la autoridad también se apoya en el principio de simplificación cognitiva. Las personas tienden a buscar "atajos" en la toma de decisiones, y seguir a alguien que se percibe como experto es una forma rápida y eficaz de evitar el esfuerzo de evaluar toda la información disponible por cuenta propia.

Por ejemplo, cuando un médico nos prescribe un tratamiento, generalmente seguimos sus indicaciones sin cuestionar porque asumimos que tiene los conocimientos necesarios para recomendarnos la mejor opción.

¿Cómo aplicar la ley de la autoridad en una conversación?

Para aprovechar la ley de la autoridad, debes mostrarte como una figura creíble y competente en el tema que estás tratando. Esto no significa necesariamente ostentar un título o posición formal; se trata de proyectar conocimiento, experiencia y confianza en lo que dices.

Con estas estrategias, podrás aplicar este principio en una conversación:

1. **Demuestra tu experiencia o conocimiento en el tema:** Para que los demás te vean como una autoridad, es importante que puedas respaldar lo que dices con hechos, datos o experiencias personales relevantes. Al compartir ejemplos de situaciones en las que has aplicado tus conocimientos con éxito, o mencionar tu formación en un área específica, aumentas la credibilidad de tu mensaje.

   Ejemplo: Si estás dando una recomendación financiera, podrías mencionar tu experiencia previa en el sector bancario o algún curso especializado que hayas tomado.

Esto refuerza tu posición como alguien que entiende bien el tema y sabe de lo que está hablando.

2. **Cita fuentes reconocidas o referencias expertas:** Cuando no eres la máxima autoridad en un tema, una manera efectiva de aplicar este principio es citar a otros expertos. Referirse a estudios, artículos científicos o la opinión de especialistas reconocidos añade peso a tus argumentos y puede convencer al interlocutor de que lo que propones tiene una base sólida.

    Ejemplo: En una conversación sobre salud, mencionar que la Organización Mundial de la Salud respalda ciertos hábitos alimenticios saludables puede dar más credibilidad a tu recomendación. Al hacerlo, estás transfiriendo la autoridad de la organización a tu propio argumento.

3. **Utiliza un lenguaje seguro y directo:** La forma en que te comunicas también puede influir en la percepción de autoridad. Utilizar un tono firme, evitar las dudas o el uso excesivo de palabras que disminuyen la fuerza de tus declaraciones (como "creo" o "posiblemente"), y hablar con seguridad refuerzan la imagen de una persona confiable y conocedora. Las palabras deben transmitir claridad y confianza, ya que esto ayuda a proyectar una imagen de competencia.

    Ejemplo: En lugar de decir "Creo que esto podría funcionar", es mejor decir "Esto funciona porque…". La segunda opción muestra más seguridad y da la impresión de que sabes de lo que hablas.

4. **Destaca tus credenciales o logros de forma sutil:** Para proyectar autoridad, es útil hacer referencia a tus logros o

certificaciones, pero es importante hacerlo de manera natural para no parecer arrogante o presuntuoso. Puedes mencionar tus credenciales cuando sea relevante para la conversación o cuando te pregunten sobre tu experiencia.

Ejemplo: Si estás hablando en una reunión sobre una estrategia de marketing digital, podrías mencionar que has liderado campañas exitosas para empresas de la industria. Esto muestra tu experiencia sin necesidad de jactarse.

5. **Vístete o preséntate de acuerdo con la situación:** La apariencia y la presentación también influyen en la percepción de autoridad. La ropa, los gestos, la postura y otros aspectos no verbales pueden contribuir a que los demás te vean como una figura con credibilidad. Aunque esto varía según el contexto, una apariencia acorde a la situación puede aumentar la disposición de los demás a escuchar tus ideas.

Ejemplo: Si vas a dar una conferencia, vestirte de manera profesional y utilizar un lenguaje corporal abierto y seguro ayudará a proyectar la imagen de alguien que sabe lo que está haciendo.

¿Cuándo y cómo no aplicar la ley de la autoridad?

Aunque la ley de la autoridad es poderosa, es importante no abusar de ella. Forzar tu autoridad o exagerar tus credenciales puede ser contraproducente y llevar a que los demás desconfíen de ti. La autoridad debe demostrarse de manera auténtica y sin prepotencia. Además, en situaciones en las que la otra persona también tiene conocimientos o experiencia en el tema, es mejor tratarla como un igual y fomentar un diálogo de experto a experto, en lugar de imponer tu autoridad.

Otro aspecto a tener en cuenta es la relevancia del área de conocimiento. La autoridad en un tema específico no se transfiere automáticamente a otros ámbitos. Por ejemplo, ser un excelente abogado no te convierte en un experto en medicina. Es fundamental respetar los límites de tu competencia y saber cuándo es más efectivo citar a otro experto en lugar de asumir una postura autoritaria en un campo desconocido.

Ejemplos de la ley de la autoridad en acción

- **En la venta de productos:** Los comerciales de televisión a menudo usan la ley de la autoridad mostrando a expertos (médicos, científicos o especialistas en el tema) recomendando un producto. Al ver a un "experto" dar su opinión positiva, es más probable que el espectador considere comprar el producto.
- **En el ámbito educativo:** Un profesor que menciona su experiencia profesional en la industria o sus publicaciones en revistas académicas no solo gana respeto, sino que también hace que sus lecciones sean percibidas como más valiosas y dignas de atención.
- **En el contexto laboral:** Un líder de equipo que muestra conocimiento profundo en el área o experiencia práctica en situaciones similares tiende a obtener un mayor compromiso y apoyo de los miembros del equipo. Las personas son más propensas a seguir la dirección de alguien que ha demostrado su competencia.

Aplicar la ley de la autoridad no solo te ayuda a persuadir, sino que también fortalece tu credibilidad en el largo plazo. Cuando las personas te perciben como una fuente confiable de información, estarán más dispuestas a buscarte en el futuro para obtener orientación o consejo. La clave es mantener la autenticidad y respaldar siempre tus afirmaciones con hechos verificables y conocimientos genuinos. Esto contribuye a construir una reputación de experto, lo que no solo mejora tu capacidad de influencia, sino que también aumenta tu prestigio y reconocimiento en tu campo.

4. La ley de la simpatía

La ley de la simpatía es un principio clave de la persuasión que se basa en la tendencia natural de las personas a ser más receptivas e influenciables por aquellos que les agradan. En pocas palabras, es más probable que aceptemos la propuesta, idea o petición de alguien que nos cae bien o con quien sentimos una conexión emocional. La simpatía genera un ambiente de confianza y apertura en la conversación, facilitando el logro de los objetivos. Al entender cómo funciona y aprender a aplicarla, puedes mejorar significativamente tu capacidad para persuadir a los demás y obtener resultados positivos en tus interacciones.

¿Por qué funciona la ley de la simpatía?

La simpatía funciona porque está profundamente arraigada en la psicología humana. Las personas tienden a asociar lo agradable con lo positivo y a evitar lo que les resulta desagradable o negativo. En general, preferimos interactuar, colaborar o hacer favores a quienes nos resultan agradables. Este principio tiene una base evolutiva, ya que la cooperación y la afinidad con otros miembros del grupo han sido factores cruciales para la supervivencia y el éxito social.

Además, cuando nos agrada alguien, tendemos a asumir que sus intenciones son buenas, lo cual reduce nuestras barreras defensivas. Esto significa que somos más propensos a considerar sus argumentos, aceptar sus recomendaciones o incluso perdonar sus errores. La simpatía, por lo tanto, no solo influye en el "sí" o "no" de una conversación, sino también en la disposición general hacia la persona que intenta persuadir.

¿Cómo aplicar la ley de la simpatía en una conversación?

Para aprovechar este principio de manera efectiva, es importante construir una conexión emocional genuina con tu interlocutor. La simpatía no se trata simplemente de ser "amable" en el sentido convencional, sino de crear un ambiente en el que la otra persona sienta afinidad y confianza contigo.

Estas son algunas estrategias para aplicar la ley de la simpatía en tus conversaciones:

1. **Encuentra puntos en común:** Las personas tienden a sentirse más conectadas con quienes comparten intereses, valores o experiencias similares. Cuando descubres puntos en común, creas una sensación de afinidad que facilita la simpatía. Esta conexión compartida puede ser algo tan simple como un hobby, una opinión o incluso el lugar de origen. Cuanto más identificada se sienta la otra persona contigo, más probable será que desarrolle simpatía y se muestre receptiva a tus ideas.

   Ejemplo: Si notas que tu interlocutor comparte un interés en la música o el deporte, podrías iniciar una conversación relacionada con ese tema. "¿Te gusta el jazz? A mí también me encanta, especialmente los clásicos. ¿Cuál es tu artista favorito?"

2. **Muestra empatía y escucha activa:** La simpatía se fortalece cuando las personas sienten que son comprendidas y valoradas. Mostrar empatía implica no solo escuchar lo que la otra persona dice, sino también captar sus emociones y responder de manera apropiada.

La escucha activa es fundamental para este proceso, ya que demuestra que estás prestando atención y te importa lo que el otro expresa.

Ejemplo: Si alguien comparte una experiencia negativa, en lugar de simplemente decir "lo siento", podrías mostrar empatía respondiendo algo como: "Debe haber sido muy difícil para ti. ¿Cómo te sientes al respecto ahora?" Esto no solo valida sus emociones, sino que también refuerza la conexión emocional.

3. **Haz cumplidos sinceros:** A todo el mundo le gusta recibir cumplidos, siempre y cuando sean genuinos y relevantes. Un cumplido bien formulado puede hacer que la otra persona se sienta apreciada y, por lo tanto, más dispuesta a corresponder con una actitud positiva hacia ti. Sin embargo, es importante que los cumplidos sean específicos y auténticos, ya que los elogios superficiales o exagerados pueden parecer manipuladores y tener el efecto contrario.

   Ejemplo: En lugar de decir "eres muy bueno en lo que haces", un cumplido más específico podría ser: "Realmente admiro cómo manejaste la presentación de hoy; se notó tu preparación y conocimiento sobre el tema."

4. **Muestra una actitud positiva y optimista:** Las personas tienden a sentirse atraídas por aquellos que proyectan energía positiva. Si muestras una actitud alegre y optimista, es más probable que los demás disfruten de tu compañía y se sientan más inclinados a aceptar tus sugerencias o ideas. El optimismo es contagioso y crea un ambiente agradable que facilita la persuasión.

Ejemplo: En lugar de quejarte de un problema, enfócate en buscar soluciones y destaca las oportunidades de mejora. "Sé que esta situación es complicada, pero estoy seguro de que si trabajamos juntos, podemos encontrar una buena solución."

5. **Utiliza el lenguaje no verbal para reforzar la simpatía:** La comunicación no verbal juega un papel crucial en la simpatía. Los gestos, la postura, el tono de voz y las expresiones faciales pueden afectar la percepción de la otra persona. Sonreír, mantener el contacto visual y adoptar una postura abierta y relajada son formas efectivas de mostrar que eres accesible y amigable.

   Ejemplo: Mantén una sonrisa genuina mientras hablas y asiente ligeramente con la cabeza para mostrar que estás siguiendo la conversación. Estos pequeños gestos pueden aumentar la sensación de simpatía y conexión.

¿Cuándo y cómo no aplicar la ley de la simpatía?

Aunque la ley de la simpatía es poderosa, es fundamental no forzarla. Intentar ser "excesivamente simpático" o demasiado complaciente puede hacer que parezcas falso o desesperado por agradar, lo cual genera desconfianza. La simpatía debe surgir de un interés genuino por la otra persona y no de una estrategia meramente calculada para lograr un objetivo.

También es importante ser consciente del contexto y de la personalidad del interlocutor. Algunas personas pueden valorar más la profesionalidad o la precisión que la cercanía emocional. En estos casos, es recomendable ajustar el nivel de simpatía al entorno y al estilo de comunicación preferido por la otra persona. Forzar la simpatía o tratar de ser demasiado informal en una situación profesional seria podría resultar inapropiado.

Ejemplos de la ley de la simpatía en acción

- **En ventas o servicio al cliente:** Los vendedores más exitosos suelen ser aquellos que logran establecer una conexión personal con sus clientes. Un vendedor que toma el tiempo para conocer los intereses o preocupaciones del cliente y utiliza esta información para personalizar su enfoque es más probable que logre una venta.
- **En negociaciones:** Si logras crear un ambiente de simpatía al inicio de una negociación, es más probable que las otras partes estén dispuestas a ceder en algunos puntos o buscar soluciones que beneficien a todos. Una conversación relajada y amistosa antes de abordar temas complicados puede marcar la diferencia.
- **En el ámbito laboral:** Un líder que muestra interés genuino en su equipo y practica la empatía tiende a inspirar mayor lealtad y compromiso. Los empleados son más propensos a seguir la dirección de alguien que los aprecia y los respeta.

Aplicar la ley de la simpatía no solo tiene beneficios inmediatos en la persuasión, sino que también contribuye a la creación de relaciones sólidas y duraderas. La simpatía fomenta la confianza y el respeto mutuo, elementos fundamentales en cualquier interacción exitosa. Al hacer que los demás se sientan apreciados y comprendidos, estás estableciendo una base sólida para futuras colaboraciones, conversaciones y negociaciones.

Para que la simpatía sea genuina y efectiva, es crucial practicar la autenticidad. Las personas pueden percibir cuando alguien no es sincero, lo que puede generar rechazo en lugar de afinidad. Por lo tanto, el verdadero poder de la simpatía radica en demostrar un interés real en los demás, escuchar con atención y buscar siempre puntos de conexión auténticos.

5. La ley de la escasez

La ley de la escasez es un principio fundamental de la persuasión que se basa en la idea de que las personas tienden a valorar más aquello que es limitado o difícil de conseguir. Cuanto más escaso o exclusivo sea un recurso, un producto o una oportunidad, más atractivo se vuelve, ya que sentimos una urgencia por obtenerlo antes de que se agote o deje de estar disponible. Este principio juega con la psicología humana y el temor a la pérdida, ya que solemos preferir evitar perder una oportunidad que ganarla de manera calmada y sin presión.

¿Por qué funciona la ley de la escasez?

La efectividad de la ley de la escasez está profundamente arraigada en la psicología evolutiva y el comportamiento social. Desde tiempos ancestrales, los seres humanos hemos asociado la disponibilidad limitada de recursos con la necesidad de actuar rápidamente para asegurar la supervivencia. Si un recurso escaseaba, la competencia por él aumentaba, y los que reaccionaban más rápido tenían una mayor probabilidad de obtenerlo. Este comportamiento se ha mantenido en nuestra mente moderna, aunque los contextos hayan cambiado.

Desde un punto de vista psicológico, la escasez también activa el "temor a la pérdida". Cuando percibimos que algo está por agotarse o que no estará disponible en el futuro, sentimos que podríamos perder una oportunidad valiosa, lo que nos impulsa a actuar con mayor urgencia. Este sentimiento se ve amplificado por la comparación: al saber que otros también pueden estar interesados, la percepción de valor aumenta, ya que nos sentimos más motivados a conseguir algo antes de que alguien más lo haga.

¿Cómo aplicar la ley de la escasez en una conversación?

Para utilizar la ley de la escasez de manera efectiva, es crucial que el valor percibido sea real y que la escasez no sea creada de manera artificial o manipulativa. Las personas pueden detectar cuando una limitación es falsa, lo que puede generar rechazo o desconfianza.

Aquí hay algunas estrategias prácticas para aplicar este principio en una conversación:

1. **Resalta la disponibilidad limitada.** Cuando hablas de un producto, servicio o propuesta, enfatiza que la disponibilidad es limitada en cantidad o tiempo. La percepción de que algo está por acabarse genera un sentido de urgencia que impulsa a la persona a tomar acción. La clave es ser específico y concreto para que la escasez parezca creíble y legítima.

   Ejemplo: "Este curso de formación solo se ofrece dos veces al año, y las plazas son limitadas a 20 participantes. De hecho, ya quedan pocos cupos disponibles." Al señalar la limitación de tiempo y cantidad, generas urgencia para inscribirse.

2. **Crea un sentido de exclusividad.** Hacer que la persona sienta que tiene acceso a algo especial o exclusivo puede aumentar el atractivo. La exclusividad puede basarse en la necesidad de cumplir ciertos criterios, ser parte de un grupo limitado o simplemente tener acceso anticipado a una oferta. Esto hace que el recurso parezca más valioso y deseable.

   Ejemplo: "Solo unos pocos de nuestros mejores clientes tendrán la oportunidad de probar este nuevo servicio antes de su lanzamiento oficial." Al mencionar que solo algunos tienen acceso, incrementas el valor percibido y fomentas el deseo de participar.

3. **Establece plazos claros y limitados.** La limitación temporal es una de las formas más efectivas de aplicar la ley de la escasez. Al establecer una fecha límite para aprovechar una oferta o tomar una decisión, creas un sentido de urgencia que impulsa a la persona a actuar. Es importante ser claro sobre cuándo se acaba la oferta o la oportunidad.

   Ejemplo: "Esta promoción especial estará disponible solo hasta el próximo viernes. Después de eso, los precios volverán a su tarifa normal." Al incluir un plazo específico, estás alentando a la persona a actuar antes de perder la oportunidad.

4. **Comparte información sobre la demanda existente.** Cuando mencionas que otras personas están interesadas o ya han aprovechado la oportunidad, incrementas la percepción de valor y la urgencia. La competencia percibida puede motivar a la persona a actuar rápidamente para no quedarse atrás.

   Ejemplo: "Muchas personas ya han mostrado interés en este evento, y la mayoría de los boletos están vendidos. Si estás considerando asistir, sería mejor reservar pronto." La sensación de que otros también están compitiendo por lo mismo aumenta la presión para actuar.

5. **Utiliza el temor a la pérdida como motivador.** Puedes aplicar la ley de la escasez destacando lo que la persona podría perder si no actúa a tiempo. El miedo a perder una oportunidad valiosa es un motivador poderoso que

puede ser más efectivo que el deseo de obtener un beneficio adicional.

Ejemplo: "Si no aprovechas esta oportunidad ahora, podrías perderte los beneficios exclusivos que estamos ofreciendo, y no sabemos si volveremos a lanzar esta oferta en el futuro." Al poner el énfasis en lo que se perdería, generas un sentido de urgencia para tomar acción.

¿Cuándo y cómo no aplicar la ley de la escasez?

Aunque la ley de la escasez puede ser extremadamente efectiva, es importante aplicarla con autenticidad. Si las personas sienten que la escasez ha sido creada de manera artificial, como falsos descuentos o promociones "limitadas" que se repiten constantemente, la estrategia puede volverse contraproducente y generar desconfianza. La transparencia y la integridad son fundamentales al aplicar este principio.

Otro aspecto a considerar es que la escasez no siempre es adecuada para todos los contextos. En situaciones que requieren reflexión o decisiones informadas, el uso de la urgencia podría ser inapropiado. Es importante conocer a tu audiencia y entender si la urgencia será percibida como una ayuda para decidir o como una presión excesiva.

Ejemplos de la ley de la escasez en acción

- **En marketing y ventas:** Las campañas de ventas que incluyen frases como "por tiempo limitado", "solo quedan 3 unidades" o "la oferta expira en 24 horas" aplican la ley de la escasez para incentivar la compra. Estos métodos se utilizan con frecuencia en tiendas en línea y campañas publicitarias.

- **En el contexto laboral:** Si estás tratando de persuadir a un colega para unirse a un proyecto, podrías resaltar que se trata de una "oportunidad única de liderar una iniciativa de alto impacto", enfatizando que no siempre se presentan oportunidades similares.
- **En eventos sociales o culturales:** Los organizadores de eventos suelen utilizar la escasez al anunciar un número limitado de entradas o la disponibilidad de "boletos exclusivos para los primeros 100 asistentes". Esta estrategia impulsa a la gente a actuar rápidamente para asegurar su lugar.

Cuando la escasez se aplica correctamente, no solo aumenta la urgencia de actuar, sino que también incrementa el valor percibido de lo que se ofrece. Un recurso o una oportunidad que es difícil de obtener suele ser considerado más valioso que uno que está ampliamente disponible. Este principio se puede observar en el mercado del lujo, donde productos exclusivos y ediciones limitadas son altamente deseados precisamente porque pocas personas pueden acceder a ellos.

Además, la escasez puede fortalecer la percepción de oportunidad única, haciendo que la persona sienta que está tomando una decisión inteligente al aprovechar algo que otros no pueden. Esta sensación de ventaja competitiva refuerza el atractivo del recurso o la acción, mejorando la disposición de la persona para tomar decisiones rápidas y favorables.

Integración de las leyes de la persuasión en una conversación

Integrar las leyes de la persuasión en una conversación de manera efectiva es una habilidad poderosa que te permitirá influir en las decisiones, opiniones y comportamientos de los demás. Las leyes de la persuasión –como la reciprocidad, la coherencia, la autoridad, la simpatía, la escasez, entre otras– son principios psicológicos que, cuando se aplican correctamente, pueden aumentar significativamente las posibilidades de lograr tus objetivos en una conversación. La clave para integrar estas leyes está en hacerlo de forma natural y estratégica, utilizando cada principio en el momento adecuado y en función del contexto y de la persona con la que estás hablando.

¿Por qué es importante integrar las leyes de la persuasión en una conversación?

Una conversación persuasiva no consiste en aplicar un solo principio de persuasión de manera aislada. Las personas son complejas y sus decisiones pueden estar influenciadas por múltiples factores simultáneamente. Al combinar varios principios, puedes abordar diferentes aspectos psicológicos y emocionales que afectan la toma de decisiones. Por ejemplo, mientras que la simpatía puede ayudar a crear un ambiente positivo y de confianza, la escasez puede agregar un sentido de urgencia que motive a la acción.

Integrar estas leyes de manera fluida también te permite adaptar tu enfoque según cómo avance la conversación. Si detectas que una estrategia no está funcionando, puedes cambiar a otra para mantener el interés del interlocutor y aumentar las posibilidades de éxito. La integración de estos principios no solo facilita la persuasión, sino que también mejora la calidad de la conversación, haciendo que sea más dinámica, interesante y centrada en las necesidades del otro.

Estrategias para integrar las leyes de la persuasión en una conversación

Inicia con la simpatía y establece una conexión emocional: Antes de intentar persuadir a alguien, es fundamental crear un ambiente de confianza y conexión. La simpatía es el primer paso para que el interlocutor se sienta cómodo y dispuesto a escucharte. Para lograrlo, puedes empezar mostrando interés genuino en la persona, encontrando puntos en común o haciendo un cumplido sincero. Al generar una atmósfera agradable, creas un espacio donde es más fácil aplicar otros principios de persuasión.

- **Ejemplo de integración:** Durante una conversación de negocios, podrías comenzar hablando de un interés común con tu interlocutor, como un deporte o un hobby. Esto establece una base de simpatía, lo cual facilita que la persona se sienta abierta y receptiva a lo que plantees después.

Introduce la reciprocidad ofreciendo algo valioso: Una vez que has generado simpatía, puedes aplicar la ley de la reciprocidad ofreciendo algo que beneficie a la otra persona. Puede ser información útil, un consejo práctico, o incluso un pequeño favor. Este gesto no solo muestra generosidad, sino que también crea un sentido de deuda, lo que aumenta las probabilidades de que la persona esté dispuesta a devolverte el favor cuando lo necesites.

- **Ejemplo de integración:** Si estás en una conversación para cerrar una venta, podrías ofrecerle al cliente un recurso gratuito que pueda ser útil para su negocio. Al hacer esto, aplicas la reciprocidad, incrementando la probabilidad de que el cliente considere tu propuesta con mayor interés.

Establece credibilidad utilizando la autoridad: Después de generar una sensación de simpatía y aplicar la reciprocidad, puedes fortalecer tu posición apelando a la autoridad. Comparte tu experiencia o conocimientos en el tema para demostrar que sabes de lo que hablas. También puedes citar estudios o referencias de expertos que apoyen tu argumento, lo cual le da más peso a tu mensaje.

- **Ejemplo de integración:** Si estás negociando un contrato, podrías mencionar tu experiencia en proyectos similares y cómo tus conocimientos han ayudado a otros clientes a alcanzar sus objetivos. Al demostrar autoridad, refuerzas la credibilidad de tus argumentos.

Apela a la coherencia pidiendo un pequeño compromiso inicial: La coherencia es un principio persuasivo que funciona especialmente bien cuando ya has establecido una relación de confianza y has demostrado autoridad. Pide a tu interlocutor que acepte un pequeño compromiso que sea fácil de cumplir. Una vez que ha aceptado este compromiso inicial, será más probable que continúe apoyando tus propuestas para mantener la coherencia con lo que ya ha acordado.

- **Ejemplo de integración:** Supón que estás presentando una nueva política en tu empresa. Podrías pedir primero a los empleados que apoyen la idea general del cambio antes de pedirles que se comprometan con acciones específicas. Al obtener un "sí" inicial, es más fácil que acepten los compromisos posteriores para ser coherentes con su postura.

Crea un sentido de urgencia con la escasez: Una vez que has logrado el compromiso inicial, puedes incrementar la probabilidad de acción inmediata aplicando la ley de la escasez. Haz que el interlocutor sienta que la oportunidad es limitada, ya sea en términos de tiempo o disponibilidad. Esto no solo motiva a actuar, sino que también aumenta el valor percibido de lo que estás ofreciendo.

- **Ejemplo de integración:** Al final de una presentación de ventas, podrías mencionar que la promoción especial solo estará disponible hasta el final del mes o que solo quedan unos pocos productos en stock. Esta limitación impulsa a la persona a tomar una decisión más rápidamente.

Por otro lado, es importante ser consciente de que las leyes de la persuasión deben aplicarse de manera ética y genuina. La integración de estos principios no debe percibirse como una manipulación, sino como una forma de facilitar el proceso de toma de decisiones. Es crucial que los gestos de reciprocidad, la autoridad mostrada y las limitaciones de escasez sean auténticos, de lo contrario, corres el riesgo de generar rechazo o desconfianza.

Además, cada conversación es única, y no todas las leyes serán relevantes en todas las situaciones. Debes estar atento a las señales de la otra persona para ajustar tu enfoque y no forzar la aplicación de un principio si no encaja con el contexto o la personalidad del interlocutor.

La integración de las leyes de la persuasión y la mejora continua

El uso integrado de las leyes de la persuasión en una conversación no solo mejora tus posibilidades de éxito en una interacción específica, sino que también te ayuda a desarrollar habilidades comunicativas más avanzadas. Con el tiempo, aprenderás a reconocer cuándo cada principio es más efectivo, cómo combinarlos y cómo adaptarte a diferentes personas y situaciones.

Al integrar estos principios de manera estratégica y natural, estarás mejor equipado para influir positivamente en los demás, alcanzar tus objetivos y construir relaciones más fuertes y duraderas. La persuasión, aplicada con ética y autenticidad, no solo beneficia a quien la utiliza, sino también a quienes participan en una conversación más efectiva y orientada al valor mutuo.

Capítulo 2: El poder de una comunicación efectiva

"La forma en que te comunicas con otros y con ti mismo determina la calidad de tu vida."

— Anthony Robbins

Cómo iniciar una conversación
Inicia presentándote

Iniciar una conversación de manera efectiva es la puerta de entrada para crear conexiones significativas y generar un impacto positivo en las personas con las que interactúas. Uno de los pasos más básicos y esenciales para lograrlo es presentarte. Aunque puede parecer un gesto simple, la forma en que te introduces puede establecer el tono de la conversación y la percepción que la otra persona tendrá de ti desde el primer momento.

Presentarte no es solo decir tu nombre; es un acto que comunica apertura, disposición y respeto hacia la persona con la que estás hablando. Al hacerlo, no solo ofreces información sobre ti, sino que también invitas al otro a hacer lo mismo, creando un terreno compartido que facilita el intercambio de ideas y opiniones. Esta primera impresión es crucial, ya que influye en la receptividad del interlocutor y en la fluidez de la conversación que sigue.

La forma en que te presentas debe adaptarse al contexto. No es lo mismo presentarse en una reunión de trabajo que en un evento social, pero el objetivo es el mismo: generar una sensación de cercanía y comodidad. En un entorno profesional, podrías comenzar diciendo tu nombre y tu función o el motivo de la interacción: "Hola, soy Laura, del departamento de marketing. Me encantaría hablar contigo sobre la nueva campaña que estamos planeando." En este caso, estás proporcionando un contexto que ayuda a la otra persona a entender por qué estás iniciando la conversación y cuál es tu intención.

Por otro lado, en un contexto más casual, como un evento social o un encuentro informal, puedes adoptar un enfoque más relajado. Puedes presentarte con un saludo amigable que incluya tu nombre y un comentario que anime al otro a participar. Por ejemplo: "Hola, soy Jorge. ¡Qué bueno verte aquí! ¿Has venido a estos eventos antes?" Aquí, además de presentarte, estás haciendo una pregunta que invita al otro a compartir su experiencia, lo que facilita que la conversación fluya de forma natural.

Cuando te presentas, también es importante prestar atención al lenguaje no verbal. Tu tono de voz, la postura y el contacto visual transmiten mucho sobre tu disposición y actitud. Un tono de voz amigable y un contacto visual adecuado muestran que estás interesado en interactuar y que valoras la presencia de la otra persona. Una sonrisa genuina también puede ser una herramienta poderosa para romper el hielo, ya que genera una atmósfera positiva y abierta.

Hay situaciones en las que es útil agregar un elemento personal a la presentación, especialmente si deseas crear una conexión más profunda desde el principio. Mencionar algo que te apasione o un interés común puede ser un buen recurso para generar simpatía. Por ejemplo, si sabes que la otra persona es fanática de un equipo deportivo, podrías decir: "Hola, soy Ana. Me dijeron que también te gusta el fútbol, ¿qué opinas del partido del fin de semana?" Este enfoque no solo te permite presentarte, sino que también introduce un tema que puede dar lugar a una conversación interesante.

Sin embargo, no todas las presentaciones requieren un enfoque informal o personal. En contextos donde el tiempo es limitado o el objetivo es más específico, una presentación breve y directa puede ser suficiente. Lo importante es ajustar la introducción al entorno y al propósito de la conversación. En una conferencia, por ejemplo, podrías limitarte a decir: "Hola, soy Luis, del equipo de desarrollo de producto." Si es necesario, puedes expandir sobre tu rol o propósito en la conversación una vez que la interacción avance.

La clave para iniciar una conversación eficazmente al presentarte es hacerlo con autenticidad y adaptabilidad. La gente valora la autenticidad, y presentarte de manera genuina muestra que eres una persona real, accesible y segura de ti misma. La adaptabilidad, por su parte, te permite ajustar el tono y el contenido de tu presentación según la situación y la persona con la que estás hablando, lo que maximiza las posibilidades de que la conversación sea productiva y agradable para ambos.

El poder de los cumplidos

El poder de los cumplidos en una conversación radica en su capacidad para romper el hielo, generar simpatía y crear un ambiente positivo desde el primer momento. Cuando haces un cumplido sincero, estás reconociendo algo positivo en la otra persona, lo cual despierta una respuesta emocional favorable y puede abrir la puerta a una interacción más fluida y receptiva. Los cumplidos son una herramienta poderosa porque tocan una necesidad humana básica: el deseo de sentirse valorado y apreciado.

Para que un cumplido sea efectivo, debe ser genuino y específico. La autenticidad es clave, ya que las personas pueden percibir fácilmente cuando un cumplido es superficial o tiene intenciones manipuladoras. Por eso, es importante que los cumplidos que hagas sean sinceros y estén basados en algo concreto que realmente aprecies o admires. Cuanto más específico sea el cumplido, más probable será que genere un impacto positivo. Decir "me gusta mucho cómo presentaste el proyecto hoy" es más poderoso que un simple "buen trabajo", ya que destaca un aspecto particular y muestra que has prestado atención.

Un cumplido bien formulado también puede actuar como una estrategia para dirigir la conversación hacia un tema que te interesa. Por ejemplo, si elogias el conocimiento de alguien en un área específica, puedes seguir con una pregunta relacionada que mantenga la conversación enfocada en ese tema. "He notado que siempre sabes mucho sobre las últimas tendencias tecnológicas. ¿Qué opinas de la nueva herramienta de inteligencia artificial que está ganando popularidad?" Este enfoque no solo ayuda a iniciar la conversación, sino que también demuestra que valoras la experiencia del otro y estás interesado en aprender de ella.

Sin embargo, es importante ser consciente de cuándo y cómo utilizar los cumplidos. Un exceso de elogios puede resultar abrumador o incluso sospechoso, haciendo que la otra persona dude de tus intenciones. Por eso, es recomendable encontrar un equilibrio: hacer cumplidos de manera ocasional y natural, integrándolos en la conversación de forma fluida. Si sientes que la conversación se vuelve demasiado centrada en los elogios, puedes complementar el cumplido con una observación o pregunta que mantenga el diálogo en marcha sin que parezca forzado.

El contexto también influye en el tipo de cumplido que resulta más adecuado. En un entorno profesional, por ejemplo, los cumplidos relacionados con el trabajo, la habilidad o el conocimiento de la otra persona son más efectivos que los comentarios sobre la apariencia física. Elogiar la calidad de un informe, la claridad de una presentación o la capacidad para resolver problemas demuestra que estás atento a lo que realmente importa en ese contexto. Por otro lado, en un entorno social o más informal, los cumplidos sobre el estilo, la personalidad o incluso un talento particular pueden ser apropiados y ayudan a crear una atmósfera de confianza y cercanía.

El lenguaje no verbal también juega un papel importante al hacer cumplidos. Tu tono de voz, expresiones faciales y contacto visual deben acompañar el elogio para que parezca sincero. Si tu lenguaje corporal no coincide con lo que estás diciendo, el cumplido puede perder su efecto o incluso causar incomodidad. Por ejemplo, un tono de voz monótono o la falta de contacto visual pueden transmitir desinterés, mientras que una sonrisa genuina y un tono amigable refuerzan el mensaje positivo.

Estos consejos, te permitirán aplicar el poder de los cumplidos en tus conversaciones:

- **Elige algo que realmente admires o aprecies:** Encuentra un aspecto que sea digno de elogio y que resuene contigo de forma genuina. La autenticidad se percibe y hace que el cumplido sea mejor recibido.
- **Sé específico en el cumplido:** Mencionar un detalle particular demuestra que has prestado atención. En lugar de decir "eres muy talentoso", podrías decir "me impresiona cómo abordaste ese desafío en el proyecto, se nota que tienes mucha experiencia en este tipo de situaciones".
- **Integra el cumplido en la conversación para darle naturalidad:** En lugar de empezar con un cumplido directo, puedes introducirlo en el contexto de lo que están hablando. "Estaba pensando en tu presentación de la semana pasada; realmente explicaste el tema con claridad, y eso hizo que fuera mucho más fácil de entender para todos".
- **Usa el cumplido como punto de partida para profundizar en la conversación:** Aprovecha el cumplido para dirigir el diálogo hacia un tema interesante o relevante para ambos. "Me encanta tu perspectiva sobre este tema. ¿Qué opinas de la nueva propuesta que está en discusión?"

Cuando se utiliza correctamente, el poder de los cumplidos puede marcar una gran diferencia en cómo inicias y desarrollas tus conversaciones. Es una herramienta para construir puentes y generar simpatía, lo que facilita que la comunicación fluya de manera más natural y efectiva. Al aprender a hacer cumplidos que sean auténticos y relevantes para el contexto, estarás mejor preparado para influir, persuadir y alcanzar tus objetivos en cualquier ámbito de la vida.

Muestra interés sobre lo que está diciendo la otra persona

Mostrar interés genuino en lo que está diciendo la otra persona es una de las tácticas más efectivas para iniciar y mantener una conversación fluida y significativa. Cuando demuestras interés en los pensamientos, opiniones o experiencias del otro, creas un ambiente de confianza y apertura que facilita la conexión y el diálogo. Esto no solo hace que la otra persona se sienta valorada, sino que también aumenta las probabilidades de que la conversación se desarrolle de manera enriquecedora para ambos.

Al demostrar interés, envías el mensaje de que la persona con la que hablas es importante y que lo que tiene para decir merece ser escuchado. Esta validación no solo mejora la calidad de la interacción, sino que también motiva al interlocutor a compartir más detalles y a ser más abierto, lo que enriquece la conversación. Una conversación efectiva no se trata solo de hablar, sino también de escuchar de manera activa y responder de manera que la otra persona se sienta comprendida y apreciada.

Para mostrar interés, es esencial practicar la escucha activa. La escucha activa va más allá de simplemente oír lo que dice la otra persona; implica prestar atención plena a sus palabras, su tono de voz y su lenguaje corporal. Además, al demostrar que estás atento, puedes responder con comentarios que profundicen en el tema, haciendo preguntas o reformulando lo que ha dicho para mostrar que has comprendido su punto de vista. Por ejemplo, si alguien comparte una experiencia reciente, podrías responder con algo como: "Parece que fue un desafío importante para ti. ¿Cómo lo manejaste al final?" Este tipo de respuesta no solo valida lo que la otra persona ha dicho, sino que también invita a continuar la conversación.

Además de la escucha activa, el lenguaje no verbal desempeña un papel crucial en demostrar interés. Asentir con la cabeza, mantener contacto visual y utilizar expresiones faciales que correspondan a lo que el otro está diciendo son señales claras de que estás comprometido con la conversación. Si el interlocutor está hablando de un tema entusiasta, un gesto positivo como una sonrisa o una expresión de sorpresa refuerza la conexión. Por el contrario, evitar distracciones, como mirar el teléfono o desviar la mirada, muestra que estás enfocado en el diálogo.

Otra forma de demostrar interés es hacer preguntas abiertas. Las preguntas abiertas invitan al otro a compartir más detalles y profundizar en el tema, lo que enriquece la conversación y muestra que realmente valoras lo que tiene para decir. Por ejemplo, en lugar de preguntar "¿Te gustó el evento?", podrías decir "¿Qué fue lo que más disfrutaste del evento?". Esta segunda opción no solo muestra interés, sino que también abre la puerta a una conversación más profunda y significativa.

Es importante también reconocer el impacto emocional de lo que la persona está compartiendo. Si detectas que el tema es importante o delicado para el interlocutor, mostrar empatía es fundamental. Comentarios como "Eso suena muy emocionante" o "Debe haber sido una situación difícil para ti" ayudan a validar las emociones del otro y demuestran que no solo estás prestando atención, sino que también estás conectado emocionalmente con lo que se está diciendo.

Mostrar interés genuino implica no solo escuchar, sino también evitar interrumpir. Dejar que la persona termine de expresar su idea antes de responder es una señal de respeto que refuerza la calidad de la comunicación. Si interrumpes constantemente, puedes dar la impresión de que estás más interesado en expresar tu propio punto de vista que en escuchar el del otro. Por ello, es recomendable esperar unos segundos después de que la otra persona termine de hablar antes de responder, lo que muestra que realmente te tomas el tiempo para considerar lo que ha dicho.

A continuación, algunos consejos clave para mostrar interés sobre lo que está diciendo la otra persona y mejorar tus habilidades conversacionales:

- **Practica la escucha activa:** Haz un esfuerzo consciente por concentrarte en lo que la otra persona está diciendo, sin distraerte con tus propios pensamientos o el entorno. Responde con comentarios que demuestren que has comprendido su punto de vista.
- **Haz preguntas abiertas y relevantes:** Formula preguntas que inviten al interlocutor a expandirse sobre el tema. Esto demuestra que valoras su opinión y estás genuinamente interesado en su perspectiva.
- **Utiliza el lenguaje no verbal para apoyar tu interés:** Mantén el contacto visual, asiente con la cabeza y adopta una postura que indique atención, como inclinarte ligeramente hacia adelante. Estos gestos sutiles refuerzan el mensaje de que estás realmente interesado en la conversación.
- **Reconoce las emociones detrás de lo que se dice:** Mostrar empatía y validar las emociones del otro hace que se sienta comprendido y fomenta una conexión más profunda. Usa comentarios empáticos para reconocer la importancia del tema para la persona.
- **Evita interrumpir y respeta los silencios:** Permitir que la otra persona termine de hablar y tomarte unos segundos para responder demuestra que realmente te importa lo que ha dicho y que no estás simplemente esperando tu turno para hablar.

Cuando muestras interés en lo que está diciendo la otra persona, no solo estás mejorando la calidad de la conversación, sino que también estás construyendo relaciones más fuertes y significativas. Es una forma de demostrar respeto y empatía, lo que facilita la creación de un ambiente de confianza y apertura donde la comunicación fluye de manera más efectiva. Al perfeccionar esta habilidad, estarás mejor preparado para influir, persuadir y generar un impacto positivo en las personas con las que interactúas, logrando así tus objetivos en cualquier ámbito de la vida.

No tengas miedo de pedir ayuda

Cuando te atreves a pedir ayuda, no solo estás mostrando vulnerabilidad, sino que también invitas al otro a participar en la interacción de una forma significativa. Este enfoque puede romper el hielo y abrir la puerta a una conversación más profunda, ya que demuestra humildad y disposición para conectar de una manera genuina.

Pedir ayuda puede ser una forma de reconocimiento hacia la otra persona, ya que implica valorar su conocimiento, habilidades o experiencia en un área específica. Cuando alguien percibe que se le solicita ayuda porque tiene algo valioso que ofrecer, se siente apreciado y es más probable que responda de manera positiva. Además, la mayoría de las personas disfrutan ayudando a los demás porque les da una sensación de satisfacción y propósito. Por eso, pedir ayuda puede ser una excelente manera de generar empatía y establecer una relación basada en la cooperación.

La clave para utilizar esta táctica de manera efectiva es hacerlo con autenticidad y sin miedo a mostrarte vulnerable. Reconocer que necesitas la ayuda de alguien no es un signo de debilidad, sino de apertura y deseo de aprender o mejorar. Por ejemplo, si estás en un evento de networking y no conoces a muchas personas, podrías acercarte a alguien y decir: "Hola, me llamo Ana. Es mi primera vez en este tipo de eventos y me encantaría saber cómo funciona. ¿Tienes algún consejo?" En este caso, no solo estás pidiendo ayuda, sino que también estás iniciando una conversación en la que la otra persona se siente útil y apreciada.

Pedir ayuda también puede ser una forma de buscar consejo o feedback en un entorno profesional. Si te diriges a un colega o superior con una solicitud de ayuda en un proyecto o una tarea, no solo estás creando una oportunidad para iniciar una conversación, sino que también estás mostrando interés en mejorar y disposición para colaborar. Por ejemplo, puedes decir: "Estoy trabajando en un informe y me encantaría conocer tu opinión sobre cómo podría mejorarlo. ¿Tienes unos minutos para echarle un vistazo?" Este tipo de enfoque no solo facilita el diálogo, sino que también fortalece las relaciones al generar un ambiente de apoyo mutuo.

Es importante formular la solicitud de ayuda de manera que no parezca exigente o manipuladora. El tono debe ser amable y respetuoso, mostrando gratitud anticipada por la disposición del otro a colaborar. Si la persona siente que se le está imponiendo una responsabilidad, es posible que se sienta incómoda o rechace la solicitud. En cambio, si percibe que se le está pidiendo ayuda de forma considerada, es mucho más probable que responda con entusiasmo.

Utiliza estos consejos para pedir ayuda de manera efectiva, además podrás utilizar esta táctica para iniciar conversaciones:

- **Sé específico al pedir ayuda:** Es importante que tu solicitud sea clara y concreta, para que la persona sepa exactamente en qué puede ayudarte. Por ejemplo, en lugar de decir "¿Podrías ayudarme con mi proyecto?", podrías decir "Estoy teniendo dificultades con el análisis de datos en mi proyecto. ¿Podrías darme algunos consejos sobre cómo mejorarlo?"

- **Muestra aprecio y gratitud:** Cuando pides ayuda, asegúrate de expresar tu agradecimiento de antemano. Esto muestra que valoras el tiempo y el esfuerzo de la otra persona. Por ejemplo, podrías decir: "Sé que estás ocupado, pero realmente apreciaría cualquier consejo que puedas darme. Me ayudaría mucho."
- **Elige el momento adecuado:** Asegúrate de que la persona esté disponible y dispuesta a escuchar antes de hacer tu solicitud. Si parece que está ocupada o distraída, es mejor esperar un momento más apropiado o preguntar si tiene tiempo para hablar.
- **Demuestra humildad al pedir ayuda:** Reconocer que no tienes todas las respuestas y que necesitas orientación muestra humildad y apertura. La mayoría de las personas reaccionan bien cuando alguien se acerca con una actitud de aprendizaje y disposición a mejorar.
- **Utiliza el lenguaje no verbal para reforzar tu solicitud:** Un tono de voz amable, una sonrisa genuina y el contacto visual adecuado pueden hacer que tu solicitud de ayuda parezca más auténtica y agradable.

No tener miedo de pedir ayuda es una forma efectiva de iniciar una conversación porque genera un ambiente de cooperación y empatía. Al mostrar que valoras la opinión o la experiencia de la otra persona, facilitas una interacción más auténtica y cercana. Además, al utilizar esta táctica, puedes descubrir aspectos importantes sobre el conocimiento y las habilidades del otro, lo que puede enriquecer la conversación y llevarla en direcciones interesantes.

La próxima vez que te enfrentes a una situación en la que no estás seguro de cómo comenzar una conversación, recuerda que pedir ayuda no solo te puede sacar del apuro, sino que también puede ser el primer paso para crear una conexión valiosa y significativa. Al atreverte a mostrarte vulnerable y abierto, estarás mejor preparado para desarrollar relaciones auténticas, generar empatía y alcanzar tus objetivos comunicativos en cualquier contexto.

Evita ser una persona negativa

La negatividad puede ser un obstáculo significativo en la comunicación, ya que las personas suelen sentirse menos atraídas o motivadas a participar en una conversación cuando perciben un tono pesimista o crítico. En cambio, adoptar una actitud positiva y optimista crea un ambiente más acogedor y amigable, lo que facilita que los demás se sientan cómodos para interactuar y compartir sus pensamientos.

La ciencia ha demostrado que las emociones son contagiosas y que el estado emocional de una persona puede influir en el comportamiento y las emociones de los demás. Un estudio publicado en la Journal of Personality and Social Psychology (Revista de Personalidad y Psicología Social) encontró que la exposición a la negatividad o el pesimismo en una conversación puede generar un efecto de arrastre emocional, donde los oyentes tienden a adoptar un estado de ánimo similar al del hablante. Si comienzas una conversación con quejas, críticas o una actitud negativa, es probable que transmitas ese sentimiento a la otra persona, haciendo que la conversación se torne incómoda o poco productiva.

En cambio, una actitud positiva puede generar lo que se conoce como un "efecto halo", un fenómeno psicológico en el que las impresiones favorables en un área se trasladan a la percepción general de la persona. Por ejemplo, si inicias una conversación con un tono positivo o alegre, el interlocutor puede percibirte como una persona agradable y, por lo tanto, estar más dispuesto a participar activamente en la conversación. Este enfoque también es respaldado por la investigación en neurociencia, que ha demostrado que las emociones positivas pueden mejorar la función cerebral, facilitando la creatividad, la memoria y la resolución de problemas, lo que podría hacer que la conversación sea más dinámica y enriquecedora para ambos.

Adoptar una actitud positiva no significa ignorar los problemas o evitar temas serios, sino más bien centrarse en un enfoque constructivo y en soluciones. Si bien es natural que en algunas situaciones sea necesario abordar aspectos negativos, es importante hacerlo de manera que no domine la conversación ni desanime a la otra persona. Por ejemplo, si surge un tema delicado, puedes reconocer el problema, pero redirigir la conversación hacia posibles soluciones o puntos positivos: "Sé que ha sido un desafío, pero creo que hay varias cosas que podemos hacer para mejorarlo. ¿Qué opinas?"

Además, la negatividad también puede ser una barrera para la persuasión. Estudios en el campo de la psicología social han demostrado que las personas tienden a ser menos receptivas a la influencia cuando el mensaje se percibe como demasiado crítico o negativo. Por el contrario, un enfoque positivo y alentador puede aumentar la disposición del interlocutor a aceptar nuevas ideas o considerar una propuesta. Si deseas persuadir a alguien o ganarte su apoyo, es más efectivo adoptar un tono optimista y proactivo, lo que demuestra que eres capaz de ver el lado positivo de las cosas y estás dispuesto a contribuir de manera constructiva.

Para evitar ser una persona negativa en una conversación y maximizar tu impacto positivo, es útil tener en cuenta las siguientes recomendaciones:

- **Empieza con un comentario positivo o un cumplido:** Comenzar con algo positivo establece un tono agradable para la conversación. Puede ser tan sencillo como elogiar el esfuerzo del otro en un proyecto reciente o mencionar algo positivo que hayas notado: "Me encanta cómo resolviste esa situación en la reunión anterior, fue muy ingenioso."
- **Enfócate en soluciones, no en problemas:** Cuando surja un tema negativo, redirige la conversación hacia un enfoque constructivo. En lugar de quejarte de una situación, sugiere posibles soluciones o comenta lo que se podría mejorar: "Sé que esta situación ha sido difícil, pero creo que si implementamos estos cambios, podríamos mejorar considerablemente."
- **Evita las quejas constantes:** Quejarse de manera frecuente puede dar la impresión de que eres una persona pesimista o poco resiliente. Si necesitas expresar una preocupación, hazlo de manera breve y pasa rápidamente a buscar soluciones o puntos positivos.
- **Practica la gratitud y el aprecio:** Expresar gratitud o mencionar algo que aprecias en la conversación no solo ayuda a evitar la negatividad, sino que también genera un ambiente de reciprocidad. Puedes decir algo como: "Aprecio mucho tu ayuda con esto, ha sido realmente valioso para mí."

El lenguaje no verbal también desempeña un papel importante en evitar la negatividad. El tono de voz, las expresiones faciales y la postura pueden transmitir un mensaje incluso antes de que hables. Si muestras una expresión neutra o negativa, es probable que la otra persona lo perciba y reaccione en consecuencia. Por lo tanto, es esencial mantener un lenguaje corporal que refuerce la positividad, como sonreír genuinamente o mantener un tono de voz amable y entusiasta.

En definitiva, evitar ser una persona negativa es una táctica que no solo mejora la calidad de la conversación, sino que también puede tener un impacto profundo en la forma en que los demás te perciben y reaccionan hacia ti. Al adoptar una actitud positiva y enfocada en soluciones, no solo creas un ambiente más acogedor y amigable, sino que también facilitas la apertura y disposición del otro a interactuar y colaborar. Esto es especialmente útil si tu objetivo es persuadir, influir o simplemente construir relaciones más fuertes y significativas.

Cómo mantener una conversación
Mantén el contacto visual

Mantener el contacto visual es una de las herramientas más importantes para lograr una comunicación efectiva y mantener una conversación de manera fluida. El contacto visual no solo transmite atención, sino que también envía señales de confianza, interés y respeto hacia la otra persona. En una conversación, tus ojos pueden comunicar tanto como tus palabras, y cuando mantienes un contacto visual adecuado, estás demostrando que te importa lo que la otra persona está diciendo y que estás realmente presente en la interacción.

El contacto visual tiene un papel clave en la construcción de la conexión interpersonal. La investigación en psicología ha mostrado que el contacto visual puede aumentar la percepción de intimidad y cercanía en una conversación. Según un estudio publicado en la Journal of Nonverbal Behavior (Diario de comportamiento no verbal), mantener el contacto visual durante una interacción genera una sensación de empatía y comprensión, lo que facilita que la otra persona se sienta valorada y escuchada. Además, el contacto visual adecuado puede aumentar la credibilidad y la percepción de honestidad. Cuando las personas sienten que te diriges a ellas con la mirada, perciben que eres más confiable y auténtico.

Es importante encontrar el equilibrio adecuado en el contacto visual para que sea efectivo. Demasiado contacto visual puede resultar intimidante o incómodo, mientras que evitarlo completamente puede hacer que parezcas desinteresado, nervioso o poco confiable. Un buen enfoque es mantener el contacto visual entre el 50% y el 70% del tiempo mientras hablas y escuchas. Esto muestra que estás presente en la conversación, pero también permite momentos de descanso visual para no abrumar al interlocutor.

El uso del contacto visual puede variar según el contexto cultural. En algunas culturas, mantener un contacto visual prolongado es un signo de atención y respeto, mientras que en otras puede considerarse un gesto desafiante o poco respetuoso. Por lo tanto, es importante ser consciente del entorno cultural en el que te encuentras y ajustar tu contacto visual según las expectativas y normas de la situación. Por ejemplo, en sociedades occidentales, el contacto visual directo suele ser interpretado positivamente, mientras que en algunas culturas asiáticas puede ser más apropiado desviar la mirada de vez en cuando para mostrar respeto.

El contacto visual también debe ser congruente con otras señales no verbales, como la expresión facial y la postura corporal. Si mantienes contacto visual pero tu expresión facial es neutra o distante, puedes dar una impresión contradictoria. Asegúrate de acompañar el contacto visual con una sonrisa o un gesto de asentimiento cuando corresponda, lo que refuerza el mensaje de que estás comprometido con la conversación. Además, una postura corporal abierta, inclinándote ligeramente hacia adelante, puede complementar el contacto visual y demostrar interés genuino.

Mantener el contacto visual no significa mirar fijamente a los ojos de la otra persona sin desviarte. Es natural y saludable desviar la mirada ocasionalmente para evitar que la interacción se vuelva incómoda. Puedes alternar entre mirar a los ojos de tu interlocutor y observar otros rasgos faciales, como la boca o las cejas. Esta técnica ayuda a mantener un contacto visual adecuado sin que parezca forzado o demasiado intenso. También es útil utilizar momentos específicos para reforzar el contacto visual, como cuando haces una pregunta o enfatizas un punto importante. Esto añade peso a tus palabras y muestra que realmente valoras la respuesta del otro.

Estos son algunos consejos prácticos para mantener el contacto visual de manera efectiva en una conversación:

- **Sé consciente de la duración del contacto visual:** Trata de mantener el contacto visual entre el 50% y el 70% del tiempo. Esto muestra que estás prestando atención sin parecer dominante o invasivo.
- **Usa el contacto visual para enfatizar puntos clave:** Cuando quieras resaltar algo importante o hacer una pregunta, aumenta ligeramente la intensidad del contacto visual para reforzar la importancia de tus palabras.
- **Acompaña el contacto visual con otras señales no verbales:** Sonríe, asiente o inclínate hacia adelante para demostrar que estás comprometido con la conversación. Esto hará que tu contacto visual sea percibido como una señal de interés genuino.

- **Evita mirar fijamente:** Desviar la mirada de vez en cuando es natural y ayuda a que el contacto visual se sienta más auténtico. Puedes alternar entre mirar a los ojos de tu interlocutor y otros rasgos faciales o incluso objetos en el entorno.
- **Adapta el contacto visual al contexto cultural:** Ten en cuenta que las normas sobre el contacto visual pueden variar según la cultura. Asegúrate de ajustar tu enfoque según el contexto cultural en el que te encuentres.

Mantener el contacto visual es una forma simple pero poderosa de mejorar la calidad de tus conversaciones. Al hacerlo, no solo muestras respeto y atención hacia la otra persona, sino que también fortaleces la conexión y aumentas la confianza en la interacción. Una conversación efectiva se basa en la capacidad de estar presente y comprometido, y el contacto visual es una herramienta esencial para lograrlo.

No interrumpas la conversación

Cuando permites que la otra persona termine de expresar sus ideas sin interrumpirla, demuestras consideración, paciencia y disposición para escuchar. Esto no solo refuerza el valor del mensaje que la otra persona está compartiendo, sino que también mejora la calidad de la interacción y fomenta una conversación más fluida y productiva.

Interrumpir puede transmitir la impresión de que lo que la otra persona está diciendo no es importante o relevante, o que estás más interesado en imponer tu propio punto de vista. Las interrupciones frecuentes pueden provocar frustración en el interlocutor, haciendo que se sienta subestimado o ignorado. En consecuencia, esto puede afectar negativamente la conversación, reduciendo la disposición del otro a participar activamente o incluso generando una actitud defensiva. Por el contrario, si permites que el otro termine de hablar antes de responder, estás mostrando respeto hacia sus ideas y, al mismo tiempo, creando un ambiente de comunicación más abierto y positivo.

De acuerdo con investigaciones en psicología de la comunicación, la escucha activa es una de las habilidades más importantes para mantener una conversación efectiva. Escuchar activamente implica no solo evitar interrumpir, sino también prestar atención plena a lo que el interlocutor está diciendo, de manera que puedas responder de forma adecuada y relevante. Cuando interrumpes, interrumpes también la posibilidad de comprender completamente el mensaje del otro y de captar los matices de sus ideas o emociones. Al escuchar sin interrumpir, tienes la oportunidad de obtener una comprensión más profunda y ofrecer respuestas que realmente contribuyan al diálogo.

No interrumpir también mejora la calidad de tu respuesta. Al dejar que el interlocutor complete su pensamiento, puedes procesar mejor la información y formular una respuesta más reflexiva y pertinente. Si te apresuras a hablar sin dejar que la otra persona termine, podrías acabar malinterpretando su punto de vista o respondiendo de manera poco relevante. Al dar espacio al otro para terminar su exposición, muestras tu disposición a considerar sus ideas antes de compartir las tuyas, lo cual enriquece la conversación y refuerza la conexión interpersonal.

En algunas situaciones, las interrupciones pueden ocurrir de manera involuntaria, especialmente en conversaciones animadas o cuando estás particularmente entusiasmado con un tema. Es importante ser consciente de estas tendencias y trabajar en desarrollar una actitud de paciencia y autocontrol. Si sientes que tienes algo importante que decir, toma una respiración profunda y espera hasta que la otra persona termine de hablar. Este breve momento de pausa no solo te ayuda a controlar la urgencia de interrumpir, sino que también demuestra tu disposición a escuchar activamente.

Cuando te das cuenta de que has interrumpido sin querer, es recomendable reconocerlo de inmediato y ceder la palabra al interlocutor. Un simple "lo siento, te interrumpí, por favor continúa" es suficiente para mostrar que valoras lo que la otra persona está diciendo y que estás dispuesto a corregir el rumbo de la conversación. Reconocer las interrupciones y rectificar refuerza la cortesía y la consideración en la comunicación.

Estas recomendaciones pueden ayudarte a evitar interrumpir y mejorar tu capacidad de mantener una conversación efectiva:

- **Practica la escucha activa:** Concéntrate en lo que la otra persona está diciendo sin distraerte con tus propios pensamientos o respuestas. Prestar atención plena ayuda a reducir la tentación de interrumpir.
- **Toma una respiración profunda antes de hablar:** Si sientes el impulso de interrumpir, respira profundamente y recuerda que es importante dejar que el otro termine su idea antes de compartir la tuya. Este pequeño gesto puede ayudarte a desarrollar paciencia.
- **Haz pausas intencionales:** Una vez que el otro ha terminado de hablar, espera un par de segundos antes de responder. Esto muestra que te tomas el tiempo para considerar lo que ha dicho y que no estás simplemente esperando tu turno para hablar.
- **Reconoce y corrige las interrupciones:** Si te das cuenta de que interrumpiste, discúlpate brevemente y permite que la otra persona continúe. Esto demuestra humildad y disposición para mejorar la calidad de la conversación.

- **Establece una "regla de conversación" en grupos:** En conversaciones grupales, acordar que solo una persona hable a la vez puede ser útil para minimizar las interrupciones y permitir que todos se sientan escuchados.

No interrumpir no solo mejora la dinámica de la conversación, sino que también fortalece las relaciones interpersonales. Las personas se sienten más valoradas y respetadas cuando se les permite expresarse plenamente, lo que aumenta la confianza y el compromiso en la comunicación. Al perfeccionar esta habilidad, estarás mejor preparado para fomentar conversaciones productivas y significativas, donde tanto tú como tu interlocutor puedan compartir ideas, experiencias y perspectivas de manera equitativa y enriquecedora.

Recuerda que una conversación efectiva no es una competencia para ver quién tiene la mejor respuesta o quién habla más, sino un intercambio de ideas en el que ambas partes se benefician.

Si cambias de tema, advierte que lo harás

Si cambias de tema en una conversación, es importante advertir que lo harás para mantener la claridad y la fluidez del diálogo. Hacerlo de manera consciente y considerada demuestra respeto hacia la otra persona y facilita una transición más natural entre los temas, evitando confusiones o malentendidos. Cuando avisas que vas a cambiar de tema, le das a tu interlocutor la oportunidad de prepararse para el nuevo enfoque, lo que mejora la calidad de la conversación y mantiene la conexión.

La conversación es un intercambio dinámico, y es común que los temas evolucionen a medida que el diálogo avanza. Sin embargo, cambiar de tema de manera abrupta puede desorientar a la otra persona, dejándola con la sensación de que su aportación no ha sido valorada o de que el nuevo tema es poco relevante para el contexto de la conversación. Al advertir sobre un cambio de tema, muestras que te importa mantener un flujo coherente en la interacción y que respetas el tiempo y la participación del otro.

La forma en que se hace la transición de un tema a otro puede tener un impacto significativo en cómo es percibida la conversación. Según estudios en psicología de la comunicación, las transiciones abruptas o sin previo aviso pueden causar una ruptura en el proceso cognitivo de la otra persona, lo que afecta su capacidad de seguir el hilo de la conversación y mantener el interés. Al anticipar un cambio de tema, facilitas una adaptación más suave y logras que el otro esté más receptivo a lo que viene a continuación.

Existen varias formas de avisar sobre un cambio de tema para que la transición sea fluida y natural. Puedes hacerlo explícitamente con frases que introduzcan la nueva dirección del diálogo, o con comentarios que establezcan una conexión entre el tema actual y el nuevo, lo que crea un puente que hace que el cambio parezca más orgánico. Por ejemplo, podrías decir algo como "Hablando de eso, hay algo relacionado que quería comentar contigo" o "Cambiando un poco de tema, quería preguntarte sobre...". Estas frases no solo advierten del cambio, sino que también ayudan a mantener la coherencia en la conversación.

En algunas situaciones, puede ser útil explicar brevemente por qué estás cambiando de tema, especialmente si es un cambio significativo. Esto proporciona un contexto que puede ayudar al interlocutor a entender la razón detrás de la transición y seguir la conversación con mayor facilidad. Por ejemplo: "Sé que estábamos hablando del proyecto, pero creo que sería útil discutir primero la nueva estrategia, ya que influye directamente en lo que estamos planeando." Al proporcionar una breve justificación, demuestras que el cambio de tema no es aleatorio, sino que tiene un propósito relevante para la conversación.

El uso del lenguaje no verbal también puede complementar el anuncio del cambio de tema. Un cambio en el tono de voz, un gesto con la mano o incluso una pausa breve pueden indicar que la conversación está tomando una nueva dirección. Estos elementos ayudan a preparar al interlocutor para el cambio, facilitando una transición más efectiva.

Con estos consejos, podrás avisar sobre un cambio de tema de manera adecuada y mantener la calidad de la conversación:

- **Usa frases de transición claras:** Emplea frases como "Cambiando de tema", "Por cierto, quería mencionarte" o "Antes de que se me olvide, hay algo más que me gustaría discutir". Estas expresiones indican de forma explícita que la conversación tomará una nueva dirección.
- **Establece una conexión entre los temas:** Si es posible, relaciona el nuevo tema con lo que se estaba discutiendo. Por ejemplo: "Ya que mencionaste la reunión, me hizo recordar que también necesitamos coordinar la logística del evento". Esto ayuda a que el cambio de tema se sienta más natural.
- **Explica la relevancia del nuevo tema:** Si el cambio es significativo, proporciona un breve contexto para que el interlocutor entienda por qué es importante hablar del nuevo tema. Esto le da un propósito a la transición y refuerza la importancia de lo que estás introduciendo.
- **Utiliza señales no verbales para complementar el cambio:** Cambia el tono de voz, haz una pausa o usa

gestos que indiquen que estás pasando a otro tema. Esto puede preparar al otro para el cambio sin que sea necesario hacer una declaración explícita.

Al avisar sobre un cambio de tema, no solo estás mejorando la fluidez de la conversación, sino que también estás mostrando consideración hacia tu interlocutor. Facilitas que la otra persona siga el flujo del diálogo y contribuyes a que la interacción sea más respetuosa y productiva. Esto es particularmente útil en entornos profesionales o en situaciones importantes donde la claridad y la organización son esenciales para el éxito de la conversación.

Encuentra similitudes y crea una conexión

Las personas tienden a sentirse más cómodas y abiertas cuando perciben que comparten intereses, experiencias o puntos de vista con su interlocutor. Al identificar y destacar estas similitudes, no solo facilitas la fluidez del diálogo, sino que también generas una sensación de cercanía y confianza que refuerza la calidad de la comunicación. Esto no solo hace que la conversación sea más amena, sino que también aumenta la disposición del otro a participar y profundizar en los temas tratados.

La psicología social ha demostrado que las similitudes entre personas generan un efecto positivo en la percepción mutua. Según la teoría del "efecto de similitud", tendemos a sentirnos más atraídos y a confiar más en quienes comparten características o intereses con nosotros. Al encontrar estos puntos en común durante una conversación, creas una base sólida para una conexión genuina, lo que facilita que la otra persona se sienta comprendida y más dispuesta a interactuar abiertamente.

Para encontrar similitudes de manera efectiva, es importante prestar atención a lo que la otra persona dice y mostrar interés genuino en sus opiniones, experiencias y preferencias. Escuchar activamente te permitirá captar detalles que podrían indicar un interés compartido o una experiencia similar. Una vez que identificas un posible punto en común, puedes destacarlo en la conversación de una manera que suene natural. Por ejemplo, si el otro menciona que le gusta un tipo particular de música, podrías decir: "¡A mí también me encanta! De hecho, fui a un concierto de esa banda el año pasado." Este tipo de comentarios no solo muestran afinidad, sino que también abren la puerta a una discusión más profunda sobre el tema.

La clave para usar esta táctica con éxito es ser auténtico. La conexión genuina se basa en la sinceridad, por lo que es importante que las similitudes que mencionas sean reales y no forzadas. Las personas pueden percibir fácilmente cuando alguien intenta crear una conexión de manera artificial, lo que puede resultar contraproducente. Si no encuentras similitudes evidentes, puedes enfocar la conversación en valores compartidos o en la importancia de ciertas experiencias, incluso si no son exactamente iguales. Por ejemplo, si alguien menciona que practica un deporte que tú no conoces, podrías decir: "Aunque no he jugado ese deporte, entiendo perfectamente lo que se siente cuando te apasiona algo y lo practicas con dedicación."

Otra estrategia para crear una conexión es utilizar historias personales que tengan cosas en común con lo que la otra persona está compartiendo. Las historias ayudan a generar empatía y a establecer un vínculo emocional, ya que transmiten experiencias que pueden ser comunes a ambos. Por ejemplo, si el interlocutor habla sobre su afición por viajar, podrías compartir una anécdota sobre uno de tus viajes que tenga alguna similitud con lo que él ha contado. Esto no solo muestra que compartes un interés, sino que también humaniza la conversación y refuerza la conexión emocional.

En algunos casos, puedes crear una conexión encontrando metas o desafíos comunes. Hablar sobre aspiraciones compartidas o retos similares puede ser una forma poderosa de generar afinidad, ya que muestra que ambos están en el mismo camino o enfrentando situaciones similares. Esto es especialmente útil en un contexto profesional, donde las conversaciones pueden centrarse en los objetivos laborales, el desarrollo personal o la superación de obstáculos. Por ejemplo, si ambos están trabajando en mejorar sus habilidades en un área específica, podrías decir: "Estoy pasando por un proceso similar, también estoy tratando de mejorar en esa área. ¿Cómo te ha ido hasta ahora?"

A continuación, algunas recomendaciones para encontrar similitudes y crear una conexión de manera efectiva en una conversación:

- **Presta atención a lo que la otra persona dice y muestra interés genuino:** Escuchar activamente te permitirá captar detalles que indiquen intereses o experiencias compartidas. Responde de manera natural cuando identifiques un punto en común.
- **Comparte anécdotas o historias personales relacionadas:** Utilizar historias para resaltar una similitud puede ayudar a humanizar la conversación y a generar un vínculo emocional. Las anécdotas hacen que la conversación sea más dinámica y auténtica.
- **Encuentra valores o principios compartidos:** Incluso si no compartes exactamente la misma experiencia o interés, puedes destacar la importancia de ciertos valores o principios. Por ejemplo, si ambos valoran el trabajo

duro o la creatividad, este puede ser un buen punto de partida para crear una conexión.

- **Enfócate en metas o desafíos comunes:** Hablar sobre aspiraciones compartidas o enfrentar desafíos similares es una forma poderosa de generar afinidad. Esto muestra que estás en la misma sintonía y puede motivar a la otra persona a compartir más detalles.

Crear una conexión genuina a través de las similitudes no solo mejora la calidad de la conversación, sino que también establece una base sólida para una relación más profunda y significativa. Al encontrar y destacar lo que tienes en común con la otra persona, estás facilitando un ambiente de confianza y apertura, lo cual es esencial para mantener una comunicación efectiva. Esto te permitirá influir, persuadir y generar un impacto positivo en tus conversaciones, logrando así una mayor comprensión y cooperación en cualquier ámbito de la vida.

Utiliza la información de la conversación para dar feedback

Utilizar la información de la conversación para dar feedback es una técnica esencial para mantener una comunicación efectiva y demostrar que estás escuchando activamente. Cuando empleas la información que la otra persona ha compartido para ofrecer comentarios, estás reforzando la conexión y mostrando que valoras su opinión o sus experiencias. Esto no solo enriquece la conversación, sino que también fomenta un ambiente de respeto y confianza, facilitando que el diálogo continúe de manera fluida y significativa.

El feedback es más que simplemente responder; es un proceso de interacción donde muestras que has entendido y considerado lo que la otra persona ha dicho. Cuando usas información concreta de la conversación para ofrecer comentarios, evitas respuestas genéricas que podrían parecer desinteresadas o superficiales. En lugar de limitarte a decir "estoy de acuerdo" o "interesante", puedes agregar valor al diálogo respondiendo con un comentario específico que refleje lo que se ha discutido: "Estoy de acuerdo, especialmente con lo que mencionaste sobre la importancia de ser constante en el trabajo, creo que esa es la clave para lograr el éxito a largo plazo."

Esta práctica de dar feedback basado en la conversación se apoya en la teoría de la escucha activa, la cual sugiere que para ser un buen comunicador, debes demostrar no solo que oyes las palabras de la otra persona, sino que también comprendes sus significados y sentimientos. Estudios en comunicación interpersonal han mostrado que cuando las personas perciben que son escuchadas y que sus ideas son valoradas, es más probable que se sientan satisfechas con la interacción y estén dispuestas a compartir más. Al usar la información proporcionada en la conversación para dar feedback, validas los sentimientos y pensamientos del interlocutor, lo que refuerza la conexión y fortalece la relación.

Para dar un buen feedback utilizando la información de la conversación, es importante que sigas algunos principios básicos:

1. **Refleja lo que el interlocutor ha dicho:** Una de las maneras más simples de demostrar que estás prestando atención es parafrasear o repetir partes importantes de lo que la persona ha dicho, para luego agregar tu propio comentario o reflexión. Esto no solo confirma que has entendido el mensaje, sino que también te permite guiar la conversación hacia un tema específico o profundizar en algún punto. Por ejemplo, si tu interlocutor dice: "Me ha costado encontrar tiempo para hacer ejercicio

últimamente", podrías responder: "Parece que ha sido difícil equilibrar tus horarios. ¿Has pensado en alguna forma de incorporar actividades físicas cortas en tu rutina diaria?"

2. **Ofrece comentarios constructivos o preguntas relevantes:** Una forma de mantener la conversación activa es responder con preguntas o sugerencias que inviten a la otra persona a reflexionar más sobre el tema o a compartir más detalles. El feedback no tiene que ser solo una afirmación; también puede ser una pregunta que profundice en lo que se ha dicho: "Entiendo que has estado lidiando con la falta de tiempo para el ejercicio. ¿Qué sueles hacer cuando te sientes así? ¿Hay algo que haya funcionado bien en el pasado para encontrar un mejor equilibrio?"

3. **Conecta el feedback con experiencias personales o información relevante:** Puedes enriquecer la conversación al relacionar lo que la otra persona ha compartido con una experiencia propia o un hecho que consideres relevante. Esto demuestra que no solo estás prestando atención, sino que también estás aportando valor a la conversación. Por ejemplo: "A mí también me costó mucho encontrar tiempo para el ejercicio cuando empecé en mi trabajo actual. Lo que me ayudó fue hacer sesiones de entrenamiento más cortas y enfocadas en lugar de largas. Tal vez podrías probarlo."

4. **Reconoce los sentimientos o el esfuerzo de la otra persona:** Validar las emociones o el esfuerzo del interlocutor es una forma poderosa de feedback. Cuando reconoces el valor de lo que el otro ha compartido, muestras empatía y refuerzas la relación. Por ejemplo, podrías decir: "Parece que ha sido un desafío para ti, pero es admirable que estés buscando formas de mejorar tu rutina."

El feedback basado en la información de la conversación no solo ayuda a mantener el diálogo fluido, sino que también contribuye a una comunicación más profunda y significativa. Cuando das retroalimentación que demuestra que has entendido lo que la otra persona ha dicho, no solo enriqueces el contenido de la conversación, sino que también refuerzas la percepción de que eres una persona atenta y comprometida con la comunicación.

Aquí hay algunas recomendaciones adicionales para aplicar esta técnica de manera efectiva:

- **Evita monopolizar el feedback:** Asegúrate de no convertir tu respuesta en un monólogo. La idea es agregar valor a lo que la otra persona ha dicho, no desviar la conversación hacia ti mismo.
- **Mantén un tono de voz amable y respetuoso:** El tono de tu feedback es tan importante como su contenido. Muestra empatía y evita que el feedback parezca una crítica o corrección.
- **Adapta el feedback al contexto de la conversación:** Si la conversación es informal, mantén el feedback ligero y personal. Si es una conversación profesional o seria, enfócate en ofrecer comentarios constructivos y orientados a soluciones.

Cuando usas la información de la conversación para dar feedback, estás contribuyendo a una interacción más rica y respetuosa. Esta práctica no solo mejora la calidad del diálogo, sino que también fortalece las relaciones y facilita que ambas partes se sientan comprendidas y valoradas. El arte de mantener una conversación efectiva radica en la capacidad de escuchar, comprender y responder de manera que el intercambio sea provechoso y satisfactorio para todos los involucrados.

Mantén el hilo de la conversación

Esta habilidad implica no solo seguir el tema principal, sino también evitar desviaciones innecesarias que puedan distraer o confundir a la otra persona. Al mantener el enfoque en el propósito de la conversación y en los puntos importantes que se van desarrollando, logras que el intercambio sea más productivo y te aseguras de que ambos participantes se sientan comprendidos y comprometidos con el diálogo.

Una conversación efectiva no se trata de cambiar de un tema a otro sin rumbo, sino de construir una interacción que tenga sentido y avance hacia un objetivo. Cuando mantienes el hilo de la conversación, ayudas a que el otro siga la lógica del intercambio, lo que facilita una mayor comprensión y evita que se pierda el interés. Esto es especialmente importante en contextos profesionales o situaciones en las que se están tomando decisiones, ya que el desvío constante del tema principal puede generar malentendidos o diluir la importancia de ciertos puntos.

Para mantener el hilo de la conversación, es importante ser consciente del tema central y hacer un esfuerzo por volver a él si la charla se desvía. Si la conversación toma un giro inesperado o empiezan a surgir temas secundarios, es útil redirigirla sutilmente hacia el punto principal, de manera que el diálogo siga avanzando de forma lógica. Por ejemplo, si durante una reunión laboral alguien comienza a hablar sobre algo que no está relacionado directamente con el tema en discusión, podrías decir: "Eso es interesante, pero volvamos al punto que estábamos tratando. ¿Qué piensas sobre la propuesta que mencionamos al inicio?"

Otra técnica eficaz para mantener el hilo de la conversación es resumir o recapitular los puntos importantes en ciertos momentos. Esto puede ayudar a consolidar lo que se ha discutido y a verificar que ambas partes estén en la misma página. Al recapitular, asegúrate de resaltar los temas clave y de hacer preguntas que inviten al interlocutor a aportar más sobre el tema central. Por ejemplo, podrías decir: "Entonces, hasta ahora hemos hablado de las ventajas del nuevo proyecto. ¿Qué más consideras importante antes de seguir avanzando?"

El uso de señales de transición también es útil para mantener el hilo de la conversación. Estas señales son frases que ayudan a guiar el flujo del diálogo, conectando diferentes ideas o subtemas sin perder de vista el enfoque principal. Por ejemplo, "Hablando de eso, también quería mencionar…" o "Para retomar lo que dijimos antes…". Estas expresiones no solo conectan ideas, sino que también refuerzan la estructura del diálogo, haciendo que el intercambio sea más coherente.

Además, el lenguaje no verbal puede ser una herramienta poderosa para mantener el hilo de la conversación. Gestos como asentir con la cabeza o mantener el contacto visual demuestran que estás siguiendo la conversación y ayudan a reforzar la continuidad del diálogo. Si el interlocutor parece distraído o se desvía del tema, puedes utilizar el lenguaje no verbal para redirigir la conversación, como inclinándote ligeramente hacia adelante o utilizando una expresión facial que sugiera interés en volver al punto central.

No olvides estas recomendaciones para mantener el hilo de la conversación de manera efectiva:

- **Recuerda el propósito de la conversación:** Ten en mente el tema central y los objetivos de la conversación para evitar desviaciones innecesarias. Si notas que la charla empieza a perderse en temas secundarios, redirige el diálogo hacia el objetivo principal.

- **Utiliza resúmenes o recapitulaciones:** Cada cierto tiempo, resume lo que se ha discutido para consolidar la conversación y asegurar que ambos estén en la misma sintonía. Esto ayuda a reforzar los puntos importantes y a mantener el enfoque.
- **Emplea señales de transición:** Usa frases que conecten ideas de manera lógica, ayudando a que el diálogo avance sin que se pierda el enfoque. Frases como "Volviendo a lo que decíamos" o "Retomando el tema" son útiles para guiar la conversación.
- **Establece una estructura clara si es necesario:** En conversaciones más formales o complejas, puede ser útil establecer una estructura clara desde el principio, mencionando los temas a tratar o los pasos a seguir. Esto proporciona un marco de referencia para mantener el hilo del diálogo.
- **Utiliza el lenguaje no verbal para reforzar la continuidad:** Apoya el flujo de la conversación con gestos, expresiones faciales y contacto visual para mostrar que estás comprometido y siguiendo el tema.

Mantener el hilo de la conversación no significa ser rígido o evitar cualquier cambio de dirección, sino más bien saber cuándo es necesario regresar al punto principal para que el diálogo sea productivo. Las conversaciones efectivas son aquellas que logran un equilibrio entre la flexibilidad y la estructura, permitiendo que se exploren ideas nuevas o interesantes sin perder de vista el propósito original.

Al perfeccionar la habilidad de mantener el hilo de la conversación, no solo mejorarás la calidad de tus interacciones, sino que también fortalecerás tus relaciones personales y profesionales. La capacidad de guiar el flujo del diálogo y mantener un enfoque claro es una herramienta esencial para comunicarte de manera efectiva y lograr tus objetivos en cualquier situación.

Evita los silencios incómodos

Los momentos de silencio prolongado pueden generar incomodidad, hacer que la interacción pierda su ritmo y provocar que ambas partes se sientan ansiosas o inseguras sobre cómo continuar. La clave para mantener una conversación interesante y dinámica es aprender a manejar estos silencios de manera natural, convirtiéndolos en oportunidades para enriquecer el diálogo en lugar de dejar que se conviertan en barreras.

Los silencios en una conversación no son necesariamente negativos, ya que pueden dar espacio para la reflexión o una pausa natural en el intercambio. Sin embargo, cuando se perciben como incómodos, suelen ser el resultado de una falta de claridad sobre qué decir o cómo continuar. Para evitarlos, es importante estar preparado para responder, hacer preguntas o introducir nuevos temas de forma fluida. Al anticipar estos momentos y saber cómo manejarlos, puedes minimizar la incomodidad y mantener el interés del interlocutor.

Una técnica efectiva para evitar los silencios incómodos es la de formular preguntas abiertas que inviten al otro a hablar y compartir más. Las preguntas abiertas no pueden ser respondidas con un simple "sí" o "no", sino que requieren una explicación o desarrollo, lo que ayuda a mantener la conversación en marcha. Por ejemplo, en lugar de preguntar "¿Te gustó la película?", podrías preguntar "¿Qué es lo que más disfrutaste de la película?" o "¿Cómo compararías esta película con otras del mismo director?". Este tipo de preguntas invita a una respuesta más elaborada y proporciona material adicional para seguir la conversación.

Otra estrategia es prestar atención a los detalles que la otra persona menciona y usarlos para continuar el diálogo. La información que se comparte en una conversación, por mínima que sea, puede ser la base para hacer un comentario o preguntar algo relacionado que mantenga el flujo del intercambio. Por ejemplo, si alguien menciona que ha estado muy ocupado en el trabajo, podrías preguntar: "¿Qué proyectos interesantes estás llevando a cabo últimamente?" o "¿Cómo manejas el estrés cuando tienes tantas cosas por hacer?". Esta táctica demuestra que estás escuchando activamente y te interesa saber más, lo que fomenta una comunicación más profunda.

El uso del humor también puede ser una herramienta útil para romper los silencios incómodos. Un comentario ligero o una observación divertida puede aliviar la tensión y reactivar la conversación. Sin embargo, es importante usar el humor de manera apropiada y sensible, considerando el contexto y la relación con el interlocutor. Si la otra persona parece estar cómoda con un tono más relajado, un comentario humorístico puede ser muy efectivo para relajar la situación y hacer que la conversación fluya de nuevo.

En algunos casos, si el silencio es inevitable, lo mejor es abordarlo directamente para disminuir la incomodidad. Por ejemplo, podrías decir: "Parece que nos hemos quedado sin palabras por un momento" con una sonrisa o un tono ligero. Reconocer la pausa puede reducir la tensión, ya que muestra que no te sientes incómodo con el silencio y estás dispuesto a retomarlo con naturalidad. Este enfoque también permite que la otra persona sienta que tiene la libertad de compartir algo sin la presión de llenar el vacío.

Aquí hay algunas recomendaciones adicionales para evitar los silencios incómodos y mantener una conversación efectiva:

- **Prepara temas de conversación de antemano:** Si sabes que vas a tener una conversación importante, piensa en algunos temas o preguntas que podrías usar para mantener el diálogo en marcha. Esto te dará recursos para recurrir en caso de que la conversación se quede sin rumbo.
- **Usa señales no verbales para animar al otro a hablar:** A veces, un simple gesto como asentir con la cabeza, sonreír o mantener el contacto visual puede invitar al interlocutor a continuar hablando o compartir más detalles.
- **Aprovecha los silencios para hacer comentarios de observación:** Si te quedas sin palabras, puedes comentar algo sobre el entorno o la situación actual, lo que puede servir como un nuevo punto de partida para la conversación. Por ejemplo, "Este lugar tiene una decoración interesante, ¿has estado aquí antes?"
- **Recuerda que los silencios no son necesariamente negativos:** Si hay una breve pausa, no entres en pánico. Utiliza ese momento para reflexionar sobre lo que se ha dicho y formular una respuesta o una pregunta relevante.

En última instancia, el objetivo no es eliminar por completo los silencios, sino saber manejarlos de manera que no afecten negativamente la dinámica de la conversación. Cuando logras anticipar los momentos de silencio y utilizas estrategias para mantener el diálogo en marcha, puedes evitar que se conviertan en barreras y, en cambio, aprovecharlos para enriquecer la interacción.

Evitar los silencios incómodos y mantener la conversación fluida no solo mejora la calidad del intercambio, sino que también refuerza la conexión con el interlocutor. La habilidad de mantener el hilo del diálogo y manejar los momentos de pausa demuestra tu capacidad para comunicarte de manera efectiva y adaptarte a diferentes situaciones, lo cual es esencial para desarrollar relaciones personales y profesionales más sólidas y significativas.

Aprende a identificar señales de aburrimiento y cambia de tema

Aprender a identificar señales de aburrimiento en una conversación y saber cuándo cambiar de tema es una habilidad fundamental para mantener el interés y la efectividad del diálogo. Cuando detectas que el interlocutor está perdiendo interés, cambiar el rumbo de la conversación puede revitalizar el intercambio y evitar que se vuelva monótono o incómodo. Esta capacidad no solo mejora la calidad de la comunicación, sino que también demuestra que eres un buen observador y que te preocupas por mantener la conexión.

El aburrimiento durante una conversación puede manifestarse de varias maneras, tanto a través del lenguaje verbal como del no verbal. Reconocer estas señales a tiempo te permitirá ajustar la conversación antes de que pierda por completo el atractivo.

Aquí te presento algunas señales comunes de aburrimiento:

- **Falta de contacto visual:** Si la otra persona comienza a evitar el contacto visual o a mirar constantemente a su alrededor, es posible que esté perdiendo interés en el tema actual.
- **Respuestas cortas o monótonas:** Cuando alguien responde con monosílabos o frases muy breves, es una

señal de que no está comprometido con la conversación o que no encuentra el tema interesante.
- **Lenguaje corporal cerrado o desinteresado:** La postura del cuerpo puede revelar mucho sobre el nivel de interés. Si el interlocutor está inclinado hacia atrás, cruza los brazos o se ve distraído, es probable que no esté muy involucrado en lo que se está discutiendo.
- **Mirar el reloj o el teléfono con frecuencia:** Si la persona revisa constantemente su reloj, teléfono o cualquier otra cosa que no esté relacionada con la conversación, es una clara señal de que su atención está disminuyendo.
- **Bostezos o suspiros frecuentes:** Estas son señales evidentes de que la persona podría estar aburrida o cansada del tema.

Cuando detectas estas señales, es un buen momento para cambiar de tema. Sin embargo, no se trata de hacer un cambio abrupto, sino de hacerlo de manera que la transición sea fluida y natural.

Estas estrategias te ayudarán a cambiar de tema de manera adecuada:

1. **Usa una frase de transición para introducir un nuevo tema.** Una forma de cambiar de tema sin que parezca forzado es utilizar frases que indiquen que vas a tomar una nueva dirección en la conversación. Por ejemplo, "Hablando de eso, me hizo pensar en…" o "A propósito, hay algo más que quería comentarte". Estas frases no solo introducen un nuevo tema, sino que también indican que estás siendo consciente del flujo de la conversación.
2. **Relaciona el nuevo tema con algo que se haya mencionado anteriormente.** Una táctica útil es encontrar un punto de conexión entre el tema actual y el nuevo que

deseas introducir. Esto hace que el cambio sea más natural y menos brusco. Por ejemplo, si estaban hablando de trabajo y percibes señales de aburrimiento, podrías decir: "Ya que mencionamos el trabajo, me gustaría saber qué haces en tu tiempo libre para relajarte".

3. **Haz una pregunta abierta para redirigir la conversación.** Las preguntas abiertas son útiles para cambiar de tema porque invitan al interlocutor a participar de manera más activa y, al mismo tiempo, pueden llevar la conversación en una nueva dirección. Por ejemplo, "Por cierto, ¿qué opinas sobre...?" o "Cambiando un poco de tema, siempre he tenido curiosidad por saber...".

4. **Introduce un tema más ligero o relajado si la conversación se ha vuelto demasiado seria o técnica.** Si percibes aburrimiento en una conversación que ha sido muy formal o técnica, puedes sugerir un cambio hacia un tema más ameno. Por ejemplo: "Ya hemos hablado mucho de trabajo. Cuéntame, ¿has visto alguna buena película últimamente?".

Es importante tener en cuenta que cambiar de tema no siempre es la solución. Si la otra persona muestra desinterés o aburrimiento en varios temas diferentes, es posible que la conversación en sí no esté funcionando bien. En estos casos, es mejor considerar si hay algún motivo detrás de la falta de interés y, si es apropiado, abordar la situación directamente o incluso terminar la conversación de manera cordial.

A continuación, algunos consejos adicionales para manejar el cambio de tema y mantener la conversación efectiva:

- **Sé consciente del entorno y del contexto:** Si la conversación está ocurriendo en un entorno específico, puedes aprovechar elementos del lugar para introducir un nuevo tema. Por ejemplo, si estás en un café, podrías

comentar algo sobre la música que están tocando o sobre la decoración.
- **Haz pausas naturales para facilitar el cambio de tema:** A veces, una pequeña pausa en la conversación puede ser útil para cambiar de tema sin que se note demasiado abrupto. Una pausa breve puede indicar el final de una idea y la introducción de un nuevo tema.
- **Escucha activamente para identificar posibles temas alternativos:** Al prestar atención a lo que dice la otra persona, podrías encontrar pistas sobre temas que podrían ser de mayor interés y usarlos para redirigir la conversación.

Saber identificar señales de aburrimiento y cambiar de tema de manera efectiva es una habilidad valiosa para cualquier tipo de conversación. Al hacerlo, no solo mejoras la calidad del diálogo, sino que también demuestras sensibilidad hacia el estado de ánimo y las necesidades del otro, lo cual es esencial para construir relaciones más fuertes y significativas. Esta habilidad te permitirá mantener la conversación dinámica y atractiva, asegurando que ambos participantes disfruten del intercambio y se sientan valorados.

El fin de la conversación
Cómo terminar una conversación
Terminar una conversación de manera efectiva es tan importante como iniciarla, ya que deja una impresión duradera y puede influir en la percepción general del encuentro. Saber cuándo y cómo finalizar una conversación con elegancia y cortesía demuestra que valoras el tiempo de la otra persona y que sabes cómo gestionar la interacción de forma apropiada.

Ahora, aprenderemos siete técnicas para terminar una conversación de manera efectiva:

1. Resume lo discutido y destaca los puntos clave

Resumir lo discutido y destacar los puntos clave al final de una conversación es una técnica poderosa para cerrar de manera efectiva. Esta estrategia asegura que ambas partes estén alineadas en los acuerdos o conclusiones alcanzadas y refuerza la percepción de que el diálogo ha sido productivo. Al recapitular los aspectos más importantes, no solo validas lo que se ha compartido, sino que también proporcionas un cierre claro y organizado, evitando malentendidos y asegurando que la información principal sea retenida.

La ciencia detrás de resumir y destacar los puntos clave

La eficacia de resumir al final de una conversación está respaldada por la investigación en psicología cognitiva, que sugiere que las personas tienen una capacidad limitada para retener información a lo largo de un diálogo extenso. Un estudio realizado en 1956 por George Miller, psicólogo de la Universidad de Harvard, estableció que la memoria de trabajo puede manejar de manera efectiva alrededor de 7 ± 2 elementos a la vez, lo que significa que es fácil olvidar detalles a medida que una conversación se desarrolla. Resumir los puntos principales ayuda a consolidar la información y facilita el recuerdo de los aspectos más importantes.

Además, la teoría de la "recencia", un principio psicológico que forma parte de la teoría del efecto de serialidad, sugiere que la información presentada al final de una conversación es más fácil de recordar que la expuesta al inicio o en el medio. En un estudio publicado en 2012 por Glanzer y Cunitz, psicólogos en la Universidad de California, se encontró que las personas tienden a recordar mejor los últimos elementos en una serie de información. Al utilizar esta técnica, puedes aprovechar la tendencia natural de la mente humana a recordar mejor la información reciente, lo que refuerza los aspectos esenciales de la conversación.

Beneficios de resumir y destacar los puntos clave:

1. **Mejora la retención de la información:** Al final de una conversación, recapitular los puntos discutidos ayuda a consolidar la memoria del interlocutor, asegurando que los temas más importantes sean retenidos. Esto es especialmente útil en contextos profesionales, donde puede ser crucial recordar detalles específicos para la toma de decisiones.
2. **Evita malentendidos o confusiones:** Cuando resumes los puntos clave, ofreces una oportunidad para que el interlocutor confirme la comprensión mutua o aclare cualquier aspecto. Esto disminuye el riesgo de que haya interpretaciones erróneas o lagunas en la información discutida.
3. **Refuerza el propósito de la conversación:** Al destacar lo esencial, demuestras que la conversación ha sido productiva y orientada a un objetivo. Esto puede ser motivador y da una sensación de cierre satisfactorio, especialmente si se han alcanzado acuerdos o conclusiones importantes.
4. **Facilita los próximos pasos:** Resumir lo discutido también puede incluir una mención de los próximos pasos a seguir. Esto ayuda a que ambas partes sepan lo que se espera de ellas después de la conversación, generando claridad y compromiso.

Estrategias para destacar los puntos clave:

- **Identifica los aspectos más importantes durante la conversación:** Escucha con atención y toma nota mental de los temas o acuerdos más relevantes. Esto te permitirá resaltar esos puntos al final sin olvidar ningún aspecto esencial.
- **Haz un resumen breve y claro:** Cuando resumas, asegúrate de hacerlo de manera concisa, destacando solo lo más importante. Un buen resumen puede ser tan breve como tres o cuatro oraciones que abarquen los puntos principales.
- **Invita a la otra persona a confirmar o agregar algo más:** Después de resumir, pregunta si el interlocutor tiene algo más que agregar o si está de acuerdo con lo que has dicho. Esto proporciona una oportunidad para que se hagan ajustes o se añada información adicional.
- **Integra los próximos pasos en el resumen:** Si hay tareas pendientes o decisiones a tomar, asegúrate de mencionarlas en el resumen. Esto facilita la planificación y deja claro cuáles serán los siguientes pasos.

Ejemplos aplicados en diferentes contextos

- **En una reunión laboral:** "Entonces, para resumir, acordamos que el informe estará listo para el viernes, tú te encargarás del análisis de datos y yo me enfocaré en la redacción. También revisaremos juntos el documento antes de enviarlo al cliente. ¿Hay algo más que deba añadir?"
- **En una conversación personal:** "Ha sido una buena charla. Parece que ambos estamos de acuerdo en que deberíamos intentar resolver la situación con más comunicación y comprensión. ¿Te parece bien que

empecemos a implementar esos cambios la próxima semana?"

En un estudio realizado por Harvard Business Review (Revista de Negocios de Harvard) en 2015, dirigido por la psicóloga Christine M. Riordan, se encontró que las conversaciones que incluían un resumen al final tenían un 30% más de probabilidades de concluir con un acuerdo satisfactorio que aquellas que no lo incluían. Riordan señaló que este proceso ayuda a alinear las expectativas y mejora la satisfacción general con la conversación, especialmente en entornos laborales donde la claridad es clave para la colaboración efectiva.

Asimismo, la investigación en entornos educativos ha mostrado que los resúmenes al final de una clase o discusión pueden mejorar significativamente la retención de información y el aprendizaje. Por ejemplo, un estudio de 2008 en la Universidad de York, dirigido por los psicólogos Martin Davies y Ronald Johnson, encontró que los estudiantes que recibían un resumen de los puntos clave al final de las clases mostraban una mejora del 23% en la retención de la información en comparación con aquellos que no lo recibían. Esto sugiere que la técnica puede ser valiosa en cualquier contexto donde la comunicación clara y el recuerdo de la información sean esenciales.

2. Expresa agradecimiento

La importancia del agradecimiento va más allá de ser un simple gesto social; está respaldada por investigaciones en psicología que demuestran su impacto en las relaciones y la percepción interpersonal. Según un estudio de 2008 realizado por los psicólogos Robert Emmons y Michael McCullough, de la Universidad de California, el agradecimiento tiene efectos positivos tanto en la persona que lo expresa como en la que lo recibe. En este estudio, los participantes que practicaban el agradecimiento regularmente reportaron sentirse más felices, menos estresados y con una mayor sensación de satisfacción en sus relaciones. Estos hallazgos subrayan que el agradecimiento es una herramienta poderosa para fortalecer los lazos sociales y mejorar la calidad de las interacciones.

Además, la expresión de gratitud activa el sistema de recompensa del cerebro, lo que genera una sensación de bienestar tanto en quien agradece como en quien recibe el agradecimiento. En un estudio de 2015 publicado en Social Cognitive and Affective Neuroscience (Neurociencia social cognitiva y afectiva), se demostró que la gratitud activa áreas del cerebro relacionadas con la regulación de las emociones, como la corteza prefrontal, y aumenta la liberación de dopamina, un neurotransmisor asociado con el placer y la recompensa. Al finalizar una conversación expresando agradecimiento, se genera una sensación positiva que deja un impacto duradero en la otra persona, aumentando la probabilidad de que perciban la interacción como satisfactoria.

Beneficios de expresar agradecimiento:

1. **Fortalece la relación interpersonal:** Cuando expresas agradecimiento, muestras que valoras la interacción y la contribución de la otra persona, lo que refuerza la conexión emocional y fortalece la relación. Esto es especialmente importante en entornos profesionales, donde mantener buenas relaciones puede ser clave para la colaboración y el éxito a largo plazo.
2. **Deja una impresión positiva y duradera:** Terminar una conversación con una expresión de gratitud genera una sensación de cierre satisfactorio y deja una impresión favorable. Las personas tienden a recordar más los finales

positivos de una interacción, lo que hace que el agradecimiento sea una herramienta poderosa para mejorar la percepción general de la conversación.
3. **Incrementa la disposición para futuras interacciones:** Al expresar gratitud, fomentas una actitud de reciprocidad, lo que puede hacer que la otra persona esté más dispuesta a colaborar o interactuar contigo en el futuro. La gratitud crea un ambiente de buena voluntad, lo que facilita la apertura a nuevas oportunidades.
4. **Refuerza los logros alcanzados durante la conversación:** Al agradecer la atención o la aportación del interlocutor, reconoces el valor del intercambio. Esto es especialmente útil en contextos donde se han alcanzado acuerdos o se ha avanzado en la resolución de problemas, ya que reafirma el progreso realizado.

Estrategias para expresar agradecimiento de manera efectiva:

- **Sé específico en tu agradecimiento:** En lugar de ofrecer un agradecimiento general, intenta ser específico sobre lo que valoras de la conversación. Esto demuestra que prestaste atención y que tu gratitud es genuina. Por ejemplo, en lugar de decir "Gracias por tu tiempo", podrías decir "Gracias por compartir tus ideas, fueron muy útiles para aclarar el siguiente paso del proyecto."
- **Muestra gratitud tanto por la contribución como por el tiempo del interlocutor:** Reconocer el esfuerzo o la disposición de la otra persona a dedicar su tiempo a la conversación añade un valor adicional al agradecimiento. Puedes decir algo como: "Aprecio mucho que hayas tomado el tiempo para hablar conmigo hoy, tus sugerencias realmente han marcado la diferencia."
- **Usa el lenguaje no verbal para reforzar la gratitud:** El tono de voz, las expresiones faciales y el lenguaje

corporal pueden fortalecer el mensaje de agradecimiento. Una sonrisa genuina o un tono de voz cálido pueden hacer que tu gratitud se sienta más auténtica y significativa.

- **Expresa gratitud por cualquier apoyo o ayuda ofrecida:** Si durante la conversación se brindó algún tipo de ayuda o consejo, agradecer específicamente ese gesto refuerza el valor de la contribución del otro. Por ejemplo, "Gracias por ofrecerte a ayudarme con el proyecto. Tu apoyo realmente es muy apreciado."

Ejemplos de cómo aplicar el agradecimiento en diferentes contextos

- **En un entorno profesional:** "Gracias por tus aportaciones durante la reunión. Realmente han aportado claridad a nuestro enfoque, y creo que todos estamos más alineados ahora."
- **En una conversación personal:** "Aprecio mucho que hayas dedicado tiempo para escucharme hoy. Me siento mucho mejor después de hablar contigo."

En un experimento realizado en 2010 por Adam Grant y Francesca Gino, psicólogos de la Universidad de Pensilvania y la Universidad de Harvard, se encontró que las personas que recibían expresiones de agradecimiento eran un 50% más propensas a ofrecer ayuda adicional en el futuro. El estudio, publicado en The Journal of Personality and Social Psychology (La Revista de Personalidad y Psicología Social), mostró que la gratitud no solo genera un impacto positivo en la relación actual, sino que también incrementa la disposición de los individuos a ser útiles y cooperar en interacciones futuras.

Otro estudio, llevado a cabo en 2014 por Amit Kumar y Nicholas Epley de la Universidad de Chicago, encontró que los participantes subestimaban significativamente el impacto positivo de expresar gratitud en sus interacciones sociales. Cuando se les pidió que escribieran cartas de agradecimiento, descubrieron que los destinatarios apreciaban mucho más el gesto de lo que los remitentes habían anticipado. Este hallazgo sugiere que las personas a menudo no son conscientes del poder que tiene el agradecimiento para mejorar la percepción de las relaciones.

3. Introduce una excusa genuina para finalizar

Una excusa genuina para finalizar una conversación es fundamental para evitar que el interlocutor se sienta rechazado o ignorado. Según la teoría de la cortesía lingüística, propuesta por los sociólogos Penelope Brown y Stephen Levinson en su obra Politeness: Some Universals in Language Usage (Cortesía: Algunos universales en el uso del lenguaje) de 1987, los seres humanos tienden a emplear estrategias de cortesía para suavizar el impacto de ciertas acciones que podrían percibirse como descorteses o disruptivas, como interrumpir una conversación o terminarla. Al proporcionar una excusa auténtica, no solo demuestras cortesía, sino que también evitas crear una impresión negativa.

Además, investigaciones en comunicación interpersonal han demostrado que la forma en que se termina una conversación influye en la percepción general de la interacción. Un estudio realizado en 2011 por los psicólogos Michael Roloff y Courtney Wright en la Universidad de Northwestern encontró que las conversaciones que terminan con una justificación genuina tienden a dejar una impresión más positiva que aquellas que terminan de forma abrupta o sin explicación. La razón es que el interlocutor percibe que se está teniendo en cuenta su tiempo y sentimientos, lo que contribuye a una sensación de respeto mutuo.

Beneficios de utilizar una excusa genuina para finalizar la conversación:

1. **Reduce la incomodidad del cierre:** Una excusa genuina ayuda a que la otra persona entienda por qué la conversación debe finalizar y le da un sentido de cierre claro, evitando que el final sea abrupto o incómodo.
2. **Muestra cortesía y respeto por el tiempo del otro:** Al ofrecer una justificación auténtica, demuestras que valoras el tiempo de la otra persona y que no estás terminando la conversación por desinterés o falta de respeto.
3. **Facilita la apertura para futuros encuentros:** Cuando terminas una conversación con una excusa genuina, es más probable que la otra persona se sienta cómoda para interactuar contigo en el futuro, ya que el cierre no se percibe como una ruptura abrupta o unilateral.
4. **Ofrece una forma clara de cerrar el diálogo:** Una excusa genuina proporciona una razón específica para terminar la conversación, lo que facilita el proceso de cierre y evita la incertidumbre sobre cómo finalizar.

Estrategias para introducir una excusa genuina de manera efectiva:

- **Elige una excusa creíble y relevante:** Es importante que la razón que uses para finalizar la conversación sea realista y apropiada para la situación. Puedes optar por algo relacionado con tus compromisos personales o laborales. Por ejemplo, "Necesito revisar algunos correos electrónicos antes de la próxima reunión."

- **Sé breve y directo, pero educado:** No es necesario dar una explicación extensa. Una justificación breve es suficiente para que el interlocutor entienda que necesitas terminar la conversación. Por ejemplo, "Ha sido un placer hablar contigo, pero debo prepararme para una reunión en unos minutos."
- **Acompaña la excusa con una expresión de gratitud o una despedida cordial:** Esto suaviza el final y deja una impresión positiva. Por ejemplo, "Gracias por tomarte el tiempo para hablar conmigo hoy. Lamentablemente, debo atender otro asunto ahora, pero espero que podamos seguir hablando en otra ocasión."
- **Si es posible, menciona un posible seguimiento:** Esto deja abierta la posibilidad de futuras interacciones. Por ejemplo, "Tengo que irme ahora, pero ¿qué te parece si retomamos esto en nuestra próxima reunión?"

Ejemplos de excusas genuinas para diferentes contextos

- **En un entorno profesional:** "Disculpa, pero tengo una reunión programada en cinco minutos. Ha sido muy productivo hablar contigo."
- **En una conversación social:** "Me encantaría seguir charlando, pero tengo un compromiso pendiente. Espero que podamos coincidir nuevamente pronto."
- **En una llamada telefónica:** "Ha sido genial ponernos al día, pero tengo que atender otra llamada. Hablamos pronto."

Un estudio publicado en 2019 en el Journal of Social and Personal Relationships (Revista de Relaciones Sociales y Personales) por Adam Mastroianni y Daniel Gilbert, de la Universidad de Harvard, examinó cómo las personas terminan las conversaciones y encontraron que muchas veces los interlocutores desean que las conversaciones finalicen antes de lo que realmente lo hacen. Sin embargo, las personas tienden a quedarse más tiempo en una conversación de lo que desearían por temor a ser percibidos como groseros o desinteresados. Utilizar una excusa genuina ofrece una salida respetuosa que puede beneficiar a ambas partes, al permitirles cerrar la conversación de manera satisfactoria y evitar el agotamiento conversacional.

Por otro lado, investigaciones en comunicación social, como el trabajo de Erving Goffman en The Presentation of Self in Everyday Life (La presentación de uno mismo en la vida cotidiana) de 1956, han demostrado que los individuos tienden a utilizar "disculpas justificadas" para terminar interacciones sociales sin afectar negativamente la imagen de sí mismos o la del otro. Al introducir una excusa genuina, se mantiene la cortesía y se minimiza el riesgo de que la otra persona se sienta rechazada.

4. Menciona un próximo encuentro o comunicación

El concepto de "proximidad anticipada", estudiado en psicología social, sugiere que las personas se sienten más motivadas y tienen una actitud más positiva hacia la interacción cuando saben que habrá futuros encuentros. Un estudio realizado en 2005 por el psicólogo Richard L. Moreland de la Universidad de Pittsburgh mostró que la expectativa de futuras interacciones aumenta la disposición a cooperar y mejora la percepción de la relación interpersonal. Mencionar un próximo encuentro crea una expectativa positiva que fortalece la conexión y establece una base para que la relación continúe desarrollándose.

Además, investigaciones en comunicación y relaciones interpersonales han demostrado que las conversaciones que concluyen con la mención de un próximo encuentro tienden a ser percibidas como más satisfactorias. Un estudio realizado por Timothy Wilson y Daniel Gilbert en la Universidad de Harvard en 2010 encontró que las personas que esperan una interacción futura experimentan mayores niveles de satisfacción y seguridad en la relación. Esto se debe a que al prever un próximo contacto, se refuerza la percepción de reciprocidad y compromiso, lo que fomenta una relación más sólida y duradera.

Beneficios de mencionar un próximo encuentro o comunicación:

1. **Refuerza la conexión y muestra interés en la otra persona:** Al sugerir un futuro encuentro, demuestras que valoras la relación y que estás interesado en continuarla. Esto fortalece el vínculo, ya sea en un contexto profesional, social o personal.
2. **Genera una sensación de continuidad en la interacción:** Mencionar un próximo encuentro ayuda a que la conversación actual no se sienta como un evento aislado, sino como parte de una relación en desarrollo. Esto refuerza la idea de que la comunicación es continua y no se limita a un solo intercambio.
3. **Facilita la planificación de futuras interacciones:** Cuando mencionas un próximo encuentro, estás estableciendo una base para la coordinación de futuros eventos o reuniones. Esto es especialmente útil en entornos laborales o situaciones donde es importante planificar con anticipación.
4. **Evita que el cierre sea abrupto o incómodo:** Al anticipar una futura interacción, puedes suavizar el final de la

conversación, evitando que se sienta como un corte brusco. La expectativa de un próximo encuentro contribuye a un cierre más natural y amigable.

¿Cómo mencionar mencionar un próximo encuentro?:

- **Sé específico si es posible:** Si ya existe una fecha o evento programado, menciónalo directamente. Esto proporciona un punto de referencia claro y muestra que estás comprometido con la futura interacción. Por ejemplo, "Entonces, nos vemos el próximo martes para revisar el proyecto, ¿verdad?"
- **Sugiere un seguimiento sin ser demasiado insistente:** Si no tienes una fecha concreta, puedes sugerir un futuro encuentro de manera más general. Esto deja abierta la posibilidad sin ejercer presión. Por ejemplo, "Me encantaría seguir hablando de esto en otro momento. ¿Qué te parece si nos ponemos en contacto la próxima semana?"
- **Relaciona el próximo encuentro con el tema de la conversación:** Si han estado hablando de un proyecto, evento o tema en particular, menciona un próximo contacto relacionado con ese contexto. Esto refuerza la relevancia de la futura interacción. Por ejemplo, "Podemos seguir hablando de la estrategia cuando tengamos más detalles del informe."
- **Combina la mención del próximo encuentro con una expresión de gratitud o aprecio:** Esto refuerza el mensaje positivo y deja una impresión duradera. Por ejemplo, "Gracias por la charla de hoy, ha sido muy productiva. Espero que podamos ponernos al día pronto para seguir avanzando en este tema."

Ejemplos de cómo aplicar esta técnica en diferentes contextos

- **En un entorno profesional:** "Gracias por tu tiempo. Me encantaría seguir conversando sobre la propuesta. ¿Qué te parece si programamos una reunión la próxima semana?"
- **En una conversación social:** "Ha sido genial ponernos al día. Deberíamos organizar una cena pronto, ¿te parece bien?"
- **En una situación familiar o personal:** "Ha sido un placer hablar contigo. Deberíamos reunirnos para tomar un café uno de estos días. ¿Qué te parece la próxima semana?"

Un estudio realizado en 2014 por la Universidad de Stanford, dirigido por la psicóloga Carol Dweck, encontró que la expectativa de futuras interacciones fomenta una mentalidad de crecimiento en las relaciones. Cuando las personas creen que habrá oportunidades para continuar la comunicación o resolver cualquier conflicto, son más propensas a abordar las relaciones con una actitud positiva y proactiva. La investigación sugiere que la anticipación de futuras interacciones no solo mejora la percepción de la conversación actual, sino que también aumenta el compromiso con la relación en el largo plazo.

Otra investigación realizada en 2017 por Catherine Homan y colaboradores en la Universidad de Marquette encontró que en el ámbito laboral, los equipos que concluyen las reuniones mencionando próximos encuentros o hitos específicos tienden a ser más productivos y tener una mejor coordinación. Esto se debe a que la mención de futuras interacciones facilita la alineación de expectativas y proporciona un sentido de dirección compartida.

5. Utiliza el lenguaje corporal para indicar el final

La comunicación no verbal juega un papel crucial en las interacciones humanas. Según el trabajo de Albert Mehrabian, un destacado psicólogo en el campo de la comunicación, aproximadamente el 55% del significado en una conversación cara a cara se transmite a través del lenguaje corporal, mientras que solo el 7% se atribuye a las palabras y el 38% al tono de voz. Por lo tanto, las señales no verbales, como el lenguaje corporal, son esenciales para transmitir de manera efectiva el mensaje de que una conversación está concluyendo.

Cuando se utilizan señales no verbales para indicar el final de una conversación, se evita la necesidad de interrumpir o finalizar de manera brusca, lo que puede generar incomodidad. La psicología de la comunicación sugiere que las señales no verbales congruentes con el mensaje verbal son percibidas de forma más genuina, ya que refuerzan la intención del mensaje y ayudan a que la transición sea más natural. Por ejemplo, al inclinarse ligeramente hacia atrás o recoger las pertenencias, se sugiere que se está preparando para terminar el intercambio.

Beneficios de utilizar el lenguaje corporal para indicar el final de una conversación:

1. **Facilita un cierre más natural y sutil:** Las señales no verbales pueden preparar al interlocutor para el final de la conversación de manera suave, haciendo que la transición sea más fluida y menos abrupta.
2. **Reduce la incomodidad y la necesidad de ser directo:** El lenguaje corporal puede transmitir el mensaje de que el diálogo está llegando a su fin sin necesidad de usar palabras explícitas para decirlo. Esto es especialmente útil en situaciones en las que finalizar la conversación de manera verbal podría parecer brusco.

3. **Complementa las señales verbales para reforzar el mensaje:** Al utilizar el lenguaje corporal junto con una frase que indique el cierre, como "Ha sido un placer hablar contigo", se refuerza la intención de finalizar la conversación, haciendo que el mensaje sea más claro y completo.
4. **Permite al interlocutor adaptarse al final de la conversación:** Las señales no verbales dan tiempo al otro para ajustarse al cambio en la dinámica del intercambio, lo que facilita que el cierre sea más aceptado y menos repentino.

¿Cómo usar el lenguaje corporal para finalizar una conversación?:

- **Inclínate ligeramente hacia atrás:** Al cambiar tu postura y alejarte un poco de la posición original, estás indicando que estás preparándote para retirarte. Este movimiento puede ser sutil, pero es suficiente para transmitir que la conversación está llegando a su fin.
- **Cambia la orientación del cuerpo:** Girar el torso ligeramente hacia un lado o hacia la salida también puede ser una señal de que estás listo para terminar la interacción. Este gesto sugiere que te estás preparando para moverte hacia otra dirección.
- **Recoge tus pertenencias lentamente:** Si llevas algo contigo, como un bolso, una libreta o un teléfono, comenzar a recoger tus cosas de forma tranquila es una señal clara de que te estás preparando para irte. Esta acción puede reforzarse con un comentario, como "Bueno, creo que es hora de continuar con mi día."
- **Mantén contacto visual mientras te despides:** El contacto visual es una señal poderosa de cierre cuando se utiliza correctamente. Mantener contacto visual mientras

dices una frase de despedida muestra que valoras el tiempo del interlocutor y que el cierre es intencional y respetuoso. Después, puedes desviar la mirada hacia la dirección en la que te moverás.

- **Sonríe y asiente con la cabeza:** Estos gestos pueden reforzar las señales verbales que indican el fin de la conversación. Una sonrisa acompañada de un leve asentimiento sugiere que has disfrutado de la interacción y que es momento de terminar.
- **Da un paso atrás o cambia tu posición de pie:** Cambiar tu posición física puede indicar que la conversación está terminando. Dar un paso atrás es una señal sutil pero clara de que te estás preparando para moverte hacia otra actividad o lugar.

Ejemplos de cómo utilizar el lenguaje corporal para indicar el final en diferentes contextos

- **En una conversación de trabajo:** Después de haber discutido los puntos importantes, puedes inclinarte ligeramente hacia atrás y decir: "Gracias por la charla, ha sido muy útil. Debo irme a otra reunión ahora." Al mismo tiempo, puedes comenzar a cerrar la libreta o recoger tu computadora portátil.
- **En una reunión social:** Si estás en un evento y sientes que es momento de terminar una conversación, puedes girar tu cuerpo hacia la salida y decir: "Ha sido un placer hablar contigo, voy a saludar a unos amigos ahora. ¡Nos vemos pronto!"
- **En una llamada telefónica:** Aunque no estás físicamente presente, el lenguaje no verbal puede tener un equivalente. Por ejemplo, reducir el ritmo de la conversación y decir con un tono de voz más suave: "Bueno, ha sido genial ponernos al día. Deberíamos hablar pronto otra vez."

Investigaciones en comunicación no verbal, como las realizadas por Albert Mehrabian en la Universidad de California, han mostrado que las señales corporales son fundamentales para la percepción del mensaje. Según Mehrabian, cuando las palabras no coinciden con las señales no verbales, es más probable que la gente confíe en las señales no verbales. Esto refuerza la importancia de utilizar el lenguaje corporal de manera congruente con el mensaje verbal al cerrar una conversación.

Otro estudio llevado a cabo en 2013 por los psicólogos Vanessa K. Bohns y Mahdi Roghanizad, de la Universidad de Cornell, descubrió que las señales no verbales al finalizar una interacción afectan significativamente la impresión general de la conversación. Las personas que utilizaban una combinación de señales verbales y no verbales para cerrar una conversación eran percibidas como más educadas y consideradas que aquellas que solo se basaban en las palabras para indicar el fin.

6. Haz un comentario final positivo

El principio psicológico del "efecto de recencia" sugiere que las personas tienden a recordar mejor la última parte de una conversación o experiencia. Este principio, parte de la teoría del efecto de serialidad desarrollado por Hermann Ebbinghaus en 1885, indica que los elementos presentados al final de un evento son más fáciles de recordar. Al aplicar este principio al cerrar una conversación con un comentario positivo, se aprovecha la tendencia natural de la mente humana a recordar mejor lo último que se dice, lo que permite que la interacción finalice de manera favorable y deje una impresión duradera.

Además, investigaciones en psicología social han demostrado que las emociones positivas tienen un efecto contagioso y pueden influir en el estado de ánimo del interlocutor. Por otro lado, según un estudio de 2010 realizado por Barbara Fredrickson en la Universidad de Carolina del Norte, las emociones positivas no solo mejoran el bienestar individual, sino que también fortalecen las relaciones interpersonales al fomentar la reciprocidad y la apertura. Al hacer un comentario final positivo, contribuyes a crear un entorno emocionalmente agradable y reforzar la conexión con la otra persona.

Beneficios de hacer un comentario final positivo:

1. **Deja una impresión duradera y favorable:** Al terminar la conversación con una nota positiva, te aseguras de que lo último que la persona recordará será un sentimiento agradable, lo que aumenta las probabilidades de que la percepción general de la interacción sea positiva.
2. **Refuerza la conexión y fortalece la relación:** Un comentario positivo transmite aprecio, lo que puede fortalecer el vínculo interpersonal y dejar la puerta abierta para futuras interacciones. Este enfoque demuestra que valoras la conversación y a la persona con la que has estado hablando.
3. **Mejora el clima emocional de la conversación:** Al introducir una emoción positiva en el cierre, creas un ambiente más cálido y amigable, lo que puede tener un impacto positivo en la actitud y disposición del interlocutor.
4. **Facilita la reciprocidad en futuras interacciones:** Al terminar con un comentario positivo, generas una predisposición favorable hacia ti en la otra persona, lo que puede hacer que esté más dispuesta a colaborar o interactuar contigo en el futuro.

Estrategias para hacer un comentario final positivo de manera efectiva:

- **Haz referencia a un aspecto específico de la conversación:** Al mencionar algo que se haya discutido y resaltar un aspecto positivo, demuestras que estuviste prestando atención y aprecias el intercambio. Por ejemplo, "Me gustó mucho la forma en que abordaste el tema. Creo que tus ideas son muy valiosas."
- **Elogia un aspecto personal del interlocutor:** Si has notado alguna cualidad o habilidad particular durante la conversación, resáltala al final para hacer que la persona se sienta reconocida. Por ejemplo, "Siempre es un placer hablar contigo; tu perspectiva siempre aporta mucho."
- **Haz una observación optimista sobre el futuro:** Puedes cerrar con un comentario positivo que proyecte una expectativa favorable hacia un próximo encuentro o proyecto. Por ejemplo, "Estoy seguro de que el proyecto será un éxito con todo el esfuerzo que hemos puesto."
- **Expresa gratitud junto con un comentario positivo:** Puedes combinar un agradecimiento con una nota positiva para reforzar la cortesía y el aprecio. Por ejemplo, "Gracias por dedicarme tu tiempo hoy. Ha sido una conversación muy productiva."

Ejemplos de comentarios finales positivos en diferentes contextos

- **En una reunión de trabajo:** "Me alegra que hayamos podido aclarar los próximos pasos. Estoy seguro de que alcanzaremos nuestros objetivos gracias a la colaboración de todos."

- **En una conversación social:** "Ha sido genial ponernos al día. Me encanta cómo siempre logras ver el lado positivo de las cosas. Ojalá nos veamos pronto."
- **En una llamada telefónica:** "Gracias por tu tiempo. Siempre es un placer hablar contigo y escuchar tus ideas. ¡Espero que tengas un excelente día!"

Un estudio realizado en 2015 por Alice Isen y sus colegas en la Universidad de Cornell encontró que las personas que terminan las interacciones con un comentario positivo tienden a ser percibidas como más agradables y competentes. El estudio mostró que las emociones positivas generadas al final de la conversación mejoraban significativamente la percepción general de la interacción, incluso si había habido momentos difíciles o desafiantes durante la conversación.

Además, la investigación sobre la teoría de la positividad en la comunicación, desarrollada por John Gottman en la Universidad de Washington, ha mostrado que los comentarios positivos refuerzan la relación y aumentan la satisfacción con la interacción. Gottman, conocido por su trabajo en relaciones interpersonales, sostiene que una proporción de 5 a 1 de interacciones positivas a negativas es necesaria para mantener relaciones saludables. Terminar una conversación con un comentario positivo contribuye a esa proporción favorable, mejorando la calidad general de la relación.

7. Pregunta si hay algo más que quiera agregar

Desde el punto de vista de la comunicación efectiva, brindar la oportunidad de que la otra persona agregue algo más al final de la conversación ayuda a asegurar que no queden temas pendientes y que todos los puntos importantes hayan sido abordados. La percepción de una conversación como completa o inconclusa, puede influir significativamente en la satisfacción general con el intercambio. Al permitir que el interlocutor agregue información, se reduce la posibilidad de que sienta que su participación fue limitada o insuficiente.

Además, preguntar si hay algo más que agregar fomenta un enfoque colaborativo en la conversación. Un estudio realizado por Judith Hall y Marianne Schmid Mast en 2008, publicado en el Journal of Nonverbal Behavior (Diario de comportamiento no verbal), encontró que las personas se sienten más valoradas y escuchadas cuando se les da la oportunidad de expresar sus ideas o preocupaciones adicionales al final de una interacción. Esta técnica ayuda a que el interlocutor perciba que la conversación no ha sido un monólogo, sino un verdadero intercambio de ideas donde ambas partes tienen la oportunidad de contribuir.

Beneficios de preguntar si hay algo más que agregar:

1. **Garantiza que todos los puntos importantes sean abordados:** Al hacer esta pregunta, das la oportunidad al otro de traer a colación cualquier tema relevante que haya quedado sin discutir. Esto ayuda a evitar malentendidos y asegura una conversación más completa.
2. **Demuestra apertura y disposición para escuchar:** Esta práctica transmite que estás dispuesto a escuchar hasta el final, lo que refuerza la percepción de que valoras la opinión de la otra persona y que no estás simplemente tratando de concluir la conversación rápidamente.
3. **Reduce la posibilidad de arrepentimientos o temas no resueltos:** Ofrecer la oportunidad de agregar algo más puede evitar que la otra persona sienta que dejó algo sin decir. Esto es especialmente útil en entornos

profesionales o en discusiones importantes, donde los detalles pueden ser críticos.

4. **Facilita un cierre más colaborativo y respetuoso:** Preguntar si hay algo más que agregar ayuda a que el final de la conversación se sienta más natural y consensuado, evitando que el interlocutor perciba el cierre como abrupto o unilateral.

Estrategias para preguntar si hay algo más que agregar de manera efectiva:

- **Usa un tono de voz genuino y abierto:** La manera en que preguntas es tan importante como las palabras que usas. Haz la pregunta con un tono de voz que demuestre interés genuino y disposición para escuchar. Evita sonar apresurado o como si solo estuvieras cumpliendo con un formalismo.
- **Haz la pregunta en un momento adecuado, antes del cierre final:** Asegúrate de plantear la pregunta antes de iniciar la despedida. Por ejemplo, después de resumir lo discutido o expresar agradecimiento. Puedes decir algo como: "Antes de terminar, ¿hay algo más que quieras agregar o algún tema que no hayamos tocado?"
- **Muestra interés en temas específicos si es relevante:** Si sabes que hay algún tema que podría haber quedado sin abordar, puedes mencionarlo directamente. Por ejemplo: "¿Hay algún otro aspecto sobre el proyecto que quieras discutir?"
- **Valida cualquier comentario adicional con una respuesta adecuada:** Si la otra persona decide agregar algo más, asegúrate de responder con interés y consideración, demostrando que realmente valoras sus aportaciones.

Ejemplos de cómo preguntar si hay algo más que agregar en diferentes contextos

- **En una reunión de trabajo:** "Antes de terminar, ¿hay algún otro punto que quieras discutir o algo más que debamos considerar para el proyecto?"
- **En una conversación con un cliente:** "¿Hay algo más en lo que pueda ayudarte hoy o alguna otra pregunta que tengas sobre nuestros servicios?"
- **En una conversación social o familiar:** "¿Hay algo más que te gustaría compartir o algo que no hayamos comentado?"

Un estudio realizado en 2016 por la Universidad de Stanford, liderado por el psicólogo Jeffrey Pfeffer, mostró que los líderes y negociadores que dan espacio a las otras personas para agregar comentarios adicionales son percibidos como más inclusivos y competentes. Este estudio, publicado en el Journal of Applied Psychology (Revista de Psicología Aplicada), encontró que los líderes que utilizan esta técnica al finalizar reuniones o negociaciones logran niveles más altos de satisfacción y compromiso por parte de sus equipos.

Otro estudio de la Harvard Business Review (Revista de negocios de Harvard) en 2019, realizado por Francesca Gino y Alison Wood Brooks, demostró que preguntar si hay algo más que agregar mejora la percepción de la empatía y la disposición para colaborar. Según los resultados, el simple hecho de ofrecer una oportunidad adicional para que las personas se expresen reduce las posibilidades de malentendidos y fortalece la relación interpersonal.

¿Cómo hacer que los demás siempre te recuerden?

Cuando una persona es capaz de dejar una huella en la memoria del otro, se crea un impacto que puede influir en cómo se es percibido a largo plazo. La psicología social sugiere que las personas tienden a recordar mejor las interacciones que despiertan emociones positivas o que tienen un componente distintivo. Según el principio del "efecto de recencia", las últimas impresiones tienden a ser las más duraderas, ya que el cerebro retiene con mayor facilidad lo que ocurre al final de una experiencia. Utilizar este principio para destacar en el cierre de una conversación puede hacer que los demás te recuerden con más facilidad.

Además, la teoría de la "marca personal" en la comunicación interpersonal sostiene que cada interacción es una oportunidad para reforzar la percepción que los demás tienen de ti. Al final de una conversación, se puede fortalecer esta marca dejando una impresión memorable que combine elementos de autenticidad, empatía y valor añadido.

Estrategias para hacer que los demás siempre te recuerden al finalizar una conversación

Destaca por la autenticidad y la calidez personal

Ser genuino y auténtico durante una conversación y especialmente al finalizarla deja una impresión duradera. La autenticidad es percibida como una cualidad valiosa en las interacciones, ya que las personas tienden a sentirse más atraídas por aquellos que se muestran genuinos y amables. Termina la conversación mostrando gratitud por el tiempo compartido, expresando aprecio de manera personal y sincera.

Por ejemplo, en lugar de un simple "Gracias", puedes decir: "Aprecio mucho que te hayas tomado el tiempo para hablar conmigo, ha sido muy enriquecedor."

Resalta un detalle específico de la conversación

Hacer referencia a algo que la otra persona haya mencionado demuestra que prestaste atención y valoras lo que ha compartido. Puedes mencionar un aspecto particular de la conversación o destacar un comentario que consideres significativo. Por ejemplo, "Me impresionó mucho lo que dijiste sobre cómo lidiaste con el desafío en tu trabajo, fue muy inspirador." Este tipo de comentarios hace que la otra persona sienta que su aporte fue apreciado, lo que contribuye a ser recordado positivamente.

Ofrece algo de valor

Dejar algo de valor, ya sea una recomendación, una sugerencia o un recurso relevante para la persona, puede hacer que seas recordado como alguien útil y valioso. Si durante la conversación surgió un tema donde tienes experiencia o conocimiento, puedes compartir un consejo práctico o recomendar un libro, artículo o herramienta que pueda ser de ayuda. Por ejemplo, "Mencionaste que te gustaría mejorar tus habilidades de liderazgo, hay un libro que te puede ayudar…".

Utiliza el humor o una nota positiva para cerrar

El humor es una forma efectiva de dejar una impresión duradera, ya que genera una respuesta emocional positiva que facilita el recuerdo. Terminar la conversación con un comentario humorístico o una observación divertida, siempre que sea apropiado para el contexto, puede hacer que la interacción sea memorable. Si el humor no es adecuado, cerrar con una nota positiva o alentadora también puede ser efectivo. Por ejemplo, "Espero que tengas un excelente día y que la semana sea muy productiva para ti."

Haz un seguimiento después de la conversación

Para ser recordado más allá de la interacción inmediata, hacer un seguimiento es crucial. Puedes enviar un mensaje o un correo electrónico agradeciendo nuevamente por la conversación y mencionando algo específico de lo que hablaron. Esta acción no solo refuerza la impresión positiva, sino que también demuestra que te importa la relación. Por ejemplo, "Gracias de nuevo por la charla de hoy. Me quedé pensando en lo que comentaste sobre el proyecto, y me encantaría seguir la conversación la próxima vez que tengamos la oportunidad."

Deja abierta la posibilidad de una futura interacción

Al finalizar la conversación, sugerir un próximo encuentro o contacto futuro es una forma de asegurar que la relación continúe desarrollándose. Esto no solo deja una impresión de interés genuino en seguir interactuando, sino que también crea una expectativa positiva sobre futuras interacciones. Por ejemplo, "Espero que podamos seguir hablando de esto en nuestra próxima reunión. Me encantaría escuchar más sobre tus proyectos."

Utiliza el lenguaje corporal para reforzar tu mensaje final

El lenguaje corporal es una herramienta poderosa para dejar una impresión duradera. Un apretón de manos firme, una sonrisa genuina, el contacto visual directo y una postura abierta pueden reforzar el mensaje positivo que deseas transmitir. Estas señales no verbales complementan las palabras y pueden hacer que el otro se sienta apreciado y valorado. Asegúrate de que tu lenguaje corporal sea coherente con el mensaje final que estás transmitiendo.

¿Cómo aplicar estas estrategias en diferentes contextos?

- **En una reunión de trabajo:** "Gracias por compartir tus ideas hoy. Creo que tus aportes han sido fundamentales para definir el enfoque del proyecto. Me encantaría retomar la conversación en nuestra próxima reunión para ver cómo avanzamos."
- **En una conversación social:** "Ha sido genial ponernos al día. Me gustó mucho lo que me contaste sobre tus planes para viajar. Estoy seguro de que será una experiencia increíble. Nos vemos pronto."
- **En una llamada de seguimiento con un cliente:** "Gracias por tomarte el tiempo para hablar conmigo hoy. Voy a enviar la información que comentamos en breve, y espero que podamos seguir trabajando juntos para mejorar la estrategia."

Un estudio realizado en 2016 por los psicólogos Elizabeth Dunn y Michael Norton, publicado en Social Psychological and Personality Science Review (Revista de Psicología Social y Ciencias de la Personalidad), encontró que las interacciones sociales en las que las personas perciben un alto nivel de autenticidad y aprecio tienden a ser recordadas con mayor frecuencia y a largo plazo. Esto respalda la idea de que ser genuino y demostrar gratitud al final de una conversación aumenta las posibilidades de ser recordado.

Otro estudio publicado en 2018 por la psicóloga social Vanessa Bohns en la Harvard Business Review (Revista de negocios de Harvard) sugiere que el seguimiento después de una conversación tiene un efecto significativo en la memoria y la percepción del otro. Los participantes que recibieron un seguimiento, como un correo electrónico o un mensaje de agradecimiento, tendían a recordar más detalles de la conversación y tenían una percepción más positiva de la persona con la que interactuaron.

Capítulo 3: Análisis del lenguaje corporal

"El lenguaje corporal es la clave que abre la mente de las personas, mucho antes de que las palabras entren en juego."

— Peter F. Drucker

¿Qué es el lenguaje corporal?

El lenguaje corporal es la forma en que las personas comunican sus pensamientos, sentimientos e intenciones a través de movimientos, posturas y expresiones físicas. A diferencia del lenguaje verbal, que utiliza palabras para transmitir un mensaje, el lenguaje corporal se basa en señales no verbales como gestos, expresiones faciales, contacto visual, posturas y la orientación del cuerpo. Estas señales pueden ser conscientes o inconscientes, pero juegan un papel crucial en la forma en que las personas se comunican y se relacionan entre sí.

La importancia del lenguaje corporal en la comunicación

El lenguaje corporal constituye una parte fundamental de la comunicación humana, ya que complementa, refuerza o, en algunos casos, contradice lo que se dice con palabras. Como ya lo has aprendido, aproximadamente el 55% del impacto de un mensaje se atribuye al lenguaje corporal, el 38% al tono de voz y solo el 7% a las palabras. Esto significa que la forma en que nos movemos y nos expresamos puede tener un impacto mucho mayor en la forma en que se perciben nuestras palabras.

El lenguaje corporal ayuda a proporcionar un contexto adicional para el mensaje verbal. Por ejemplo, una sonrisa genuina mientras se dice "me alegra verte" refuerza el mensaje positivo, mientras que una expresión seria o un tono de voz monótono podría sugerir lo contrario. Asimismo, el lenguaje corporal puede expresar emociones o actitudes que no se verbalizan, como la ansiedad, la tristeza o el entusiasmo. Es por eso que aprender a interpretar y utilizar correctamente el lenguaje corporal es esencial para lograr una comunicación más efectiva.

Componentes principales del lenguaje corporal

El lenguaje corporal abarca una amplia variedad de señales y movimientos que pueden influir en la forma en que se perciben nuestros mensajes. A continuación, se presentan algunos de los componentes más importantes del lenguaje corporal y cómo afectan la comunicación:

1. **Expresiones faciales:** El rostro humano es capaz de expresar una amplia gama de emociones, desde la felicidad y la sorpresa hasta la ira y el disgusto. Las expresiones faciales son universales en muchas culturas, lo que significa que ciertos gestos, como sonreír o fruncir el ceño, tienen el mismo significado en diferentes partes del mundo. Según el trabajo del psicólogo Paul Ekman,

existen siete expresiones faciales básicas que son reconocidas en casi todas las culturas: alegría, sorpresa, miedo, tristeza, ira, asco y desprecio.
2. **Gestos:** Los gestos son movimientos de las manos, los brazos o la cabeza que se utilizan para enfatizar o complementar lo que se está diciendo. Algunos gestos tienen significados universales, como el pulgar hacia arriba para indicar aprobación, mientras que otros pueden variar según la cultura. El uso de gestos adecuados puede mejorar la comunicación, haciendo que el mensaje sea más claro y convincente.
3. **Postura:** La postura se refiere a la forma en que se sostiene el cuerpo, y puede revelar mucho sobre la actitud, el nivel de confianza y el estado emocional de una persona. Una postura erguida y abierta puede transmitir confianza y seguridad, mientras que una postura encorvada o cerrada puede sugerir inseguridad, cansancio o falta de interés. La postura también puede indicar si alguien está relajado o tenso, lo que puede influir en la percepción del mensaje.
4. **Contacto visual:** El contacto visual es una forma poderosa de lenguaje corporal, ya que transmite interés, atención y sinceridad. Mantener un contacto visual adecuado muestra que se está comprometido con la conversación, mientras que evitarlo puede interpretarse como señal de incomodidad, timidez o falta de sinceridad. El contacto visual también varía culturalmente; en algunas culturas, mantener un contacto visual prolongado se considera respetuoso, mientras que en otras puede percibirse como un gesto desafiante.
5. **Proxémica:** La proxémica es el estudio del uso del espacio personal y la distancia en la comunicación. La proximidad física entre las personas durante una interacción puede indicar el nivel de intimidad o

formalidad de la relación. Por ejemplo, en una conversación cercana, una distancia corta puede sugerir confianza o afecto, mientras que una distancia mayor puede indicar formalidad o reserva.
6. **Movimientos corporales y orientación:** La forma en que una persona se mueve y orienta su cuerpo en relación con los demás puede indicar interés o desinterés. Por ejemplo, inclinarse hacia adelante mientras se escucha a alguien muestra atención, mientras que girarse o alejarse puede indicar que se desea finalizar la conversación o que no se está interesado.

Funciones del lenguaje corporal en la comunicación

El lenguaje corporal cumple varias funciones esenciales en la comunicación, que incluyen:

- **Complementar o reforzar el mensaje verbal:** Cuando el lenguaje corporal y las palabras están alineados, el mensaje se percibe como más creíble y genuino. Por ejemplo, decir "sí" mientras se asiente con la cabeza refuerza el acuerdo.
- **Contradecir el mensaje verbal:** A veces, el lenguaje corporal puede revelar lo que realmente siente o piensa una persona, incluso cuando sus palabras dicen otra cosa. Por ejemplo, alguien que afirma estar tranquilo pero muestra señales de inquietud (como moverse constantemente o evitar el contacto visual) puede estar experimentando ansiedad.
- **Sustituir el mensaje verbal:** En algunas situaciones, el lenguaje corporal puede comunicar un mensaje completo sin necesidad de palabras. Por ejemplo, encogerse de hombros puede expresar desconocimiento o indiferencia.
- **Regular la conversación:** El lenguaje corporal también se utiliza para señalar cuándo es el turno de hablar o

cuándo la otra persona debería responder. Los gestos como levantar la mano, asentir o inclinarse hacia adelante pueden indicar que alguien está listo para intervenir o que desea continuar la conversación.

Un estudio de Paul Ekman, ha demostrado que las expresiones faciales de las emociones son universales y que incluso pueden ser detectadas en culturas muy distintas. Ekman desarrolló el Sistema de Codificación Facial (FACS) para identificar los movimientos específicos de los músculos faciales asociados con distintas emociones.

Por otro lado, el lenguaje corporal no es universal, y sus interpretaciones pueden variar considerablemente entre culturas. Por ejemplo, en algunas culturas asiáticas, evitar el contacto visual con una figura de autoridad es un signo de respeto, mientras que en las culturas occidentales, puede interpretarse como falta de interés o sinceridad. Asimismo, ciertos gestos pueden tener significados opuestos en diferentes regiones; el gesto de "OK" con el pulgar y el índice formando un círculo es positivo en algunos lugares, pero ofensivo en otros.

El contacto visual

El contacto visual es una herramienta poderosa y fundamental en la comunicación efectiva. Tus ojos pueden transmitir una amplia gama de emociones e intenciones, como la sinceridad, la atención, el interés o incluso el desinterés. Cuando dominas el uso del contacto visual, tienes una ventaja significativa para influir, persuadir y conectar con los demás, ya que puedes hacer que el mensaje que transmites sea más auténtico y confiable.

El contacto visual juega un papel crucial en la creación de una conexión emocional. Al mirar a los ojos de la otra persona, estableces una línea directa de comunicación que va más allá de las palabras. No se trata simplemente de "ver" al otro, sino de hacerlo sentir escuchado y valorado. Cuando mantienes un contacto visual adecuado, demuestras que estás realmente presente en la conversación, lo que puede fortalecer la confianza y la apertura en la interacción. Por otro lado, evitar el contacto visual puede interpretarse como una señal de incomodidad, timidez o incluso deshonestidad, lo que puede afectar negativamente la percepción que los demás tienen de ti.

El tiempo que mantienes el contacto visual es tan importante como la acción en sí misma. Un contacto visual prolongado puede transmitir interés y compromiso, pero si es demasiado intenso, puede resultar incómodo o intimidante para la otra persona. Por el contrario, si el contacto visual es demasiado breve o inexistente, podrías dar la impresión de que no estás interesado en lo que el otro dice o que tienes algo que ocultar. La clave está en encontrar un equilibrio: mantener el contacto visual alrededor del 50% al 70% del tiempo en una conversación es considerado un punto ideal, ya que muestra que estás presente sin ser invasivo.

El contexto es crucial al usar el contacto visual. En una conversación uno a uno, mantener una mirada sostenida mientras la otra persona habla demuestra que estás prestando atención. Cuando hablas, es útil mantener el contacto visual de manera intermitente para enfatizar puntos importantes, pero también es natural desviar la mirada de vez en cuando para evitar que la interacción se sienta forzada. En situaciones grupales, es recomendable alternar el contacto visual con diferentes personas para que todos se sientan incluidos.

El uso del contacto visual puede variar considerablemente entre culturas. En muchas culturas occidentales, mirar a los ojos se asocia con la sinceridad y la confianza. Sin embargo, en algunas culturas asiáticas, mantener un contacto visual prolongado con una figura de autoridad puede ser considerado una falta de respeto. Es importante ser consciente de estas diferencias culturales y ajustar tu comportamiento según el contexto en el que te encuentres para evitar malentendidos o interpretaciones erróneas.

El contacto visual también es un indicador de emociones y estados de ánimo. Cuando alguien se siente entusiasmado o apasionado por lo que dice, es más probable que mantenga un contacto visual constante y directo. Por otro lado, si una persona se siente nerviosa, avergonzada o incómoda, es posible que evite el contacto visual o que su mirada sea fugaz. Prestar atención a estas señales te puede proporcionar una valiosa información sobre los sentimientos y actitudes del interlocutor, lo que te permitirá ajustar tu respuesta o tu lenguaje corporal para mejorar la comunicación.

Para utilizar el contacto visual de manera efectiva, es importante acompañarlo con otros elementos del lenguaje no verbal. Por ejemplo, una sonrisa genuina mientras mantienes contacto visual puede reforzar el mensaje positivo y hacer que la otra persona se sienta más cómoda. El tono de voz y la postura corporal también deben ser coherentes con el mensaje que estás tratando de transmitir. Si estás hablando de algo serio o importante, el contacto visual debe ser firme, pero acompañado de una expresión facial neutral o preocupada según el contexto.

Aprender a interpretar las señales del contacto visual puede mejorar tu capacidad para influir y persuadir. Si notas que la otra persona mantiene una mirada fija, pero tiene una expresión facial tensa o sus pupilas están dilatadas, puede ser un indicativo de estrés o incomodidad. En ese caso, podrías ajustar el tema de la conversación o el enfoque para crear un ambiente más relajado. Por otro lado, si el contacto visual es frecuente y acompañado de sonrisas, es probable que la persona se sienta cómoda y receptiva a lo que estás diciendo.

El contacto visual también puede ser una herramienta para controlar el ritmo de la conversación. En situaciones en las que deseas mantener la atención de la otra persona, mirar directamente a sus ojos puede ayudarte a enfatizar tus puntos principales. Sin embargo, si quieres darle espacio para que reflexione o intervenga, puedes desviar la mirada momentáneamente para indicar que es su turno de hablar. Esta técnica es especialmente útil en conversaciones complejas o negociaciones, donde la dinámica del diálogo debe ser cuidadosamente gestionada.

El poder de la sonrisa

Una sonrisa tiene la capacidad de cambiar el tono de una conversación, aliviar tensiones y crear un ambiente más acogedor y positivo. La sonrisa no solo es una expresión facial, sino una herramienta poderosa que puede influir en la percepción que los demás tienen de ti y en la calidad de tus interacciones. Al incorporar la sonrisa en tu lenguaje corporal, puedes mejorar significativamente la manera en que te comunicas y conectas con las personas a tu alrededor.

Cuando sonríes, envías señales que generan un efecto positivo en la otra persona. Las investigaciones en psicología han demostrado que las sonrisas son contagiosas; cuando alguien te ve sonreír, tiende a devolver la sonrisa de forma automática.

Esta reacción, conocida como el "efecto espejo", se debe a la activación de neuronas espejo en el cerebro, que son responsables de imitar las emociones y gestos de los demás. Así, una sonrisa no solo mejora tu estado de ánimo, sino que también puede influir en el de los demás, generando una atmósfera más positiva y amigable.

La sonrisa tiene la capacidad de transmitir una variedad de mensajes según el contexto en que se utilice. Puede expresar alegría, cordialidad, simpatía e incluso nerviosismo. Sin embargo, el significado de una sonrisa se ve influenciado por otros factores del lenguaje corporal, como el contacto visual, la postura y el tono de voz. Una sonrisa genuina, también conocida como "sonrisa de Duchenne", involucra tanto los músculos de la boca como los de los ojos. Cuando sonríes genuinamente, los músculos que rodean tus ojos se contraen ligeramente, lo que da una sensación de autenticidad. Por otro lado, una sonrisa falsa tiende a involucrar solo los músculos de la boca, lo que puede ser percibido como poco sincero o incluso manipulador.

El poder de la sonrisa también radica en su capacidad para romper barreras y generar confianza. Cuando sonríes durante una conversación, creas un ambiente más relajado y propicio para el intercambio de ideas. Las personas tienden a sentirse más cómodas y seguras cuando interactúan con alguien que muestra una actitud positiva, y la sonrisa es una de las formas más efectivas de proyectar esa actitud. En situaciones profesionales, una sonrisa puede ayudarte a establecer una conexión con colegas, clientes o superiores, y facilitar la negociación o el trabajo en equipo. En un entorno social, puede ser el punto de partida para iniciar una conversación o fortalecer una relación.

Además, la sonrisa tiene efectos positivos en la salud física y emocional. Varios estudios han demostrado que sonreír puede reducir los niveles de cortisol, la hormona del estrés, y aumentar la producción de endorfinas, neurotransmisores que promueven una sensación de bienestar. Incluso una sonrisa forzada puede desencadenar respuestas fisiológicas que mejoren tu estado de ánimo. Al sonreír, también se disminuye la tensión en los músculos faciales y se promueve la relajación general del cuerpo, lo que contribuye a una mejor calidad de vida.

Sin embargo, el uso de la sonrisa debe ser adecuado al contexto para evitar interpretaciones erróneas. No todas las situaciones requieren una sonrisa, y en algunos casos, sonreír puede ser visto como inapropiado o fuera de lugar. Por ejemplo, en una situación seria o cuando alguien está compartiendo un problema personal, una sonrisa podría interpretarse como falta de empatía o interés. En estos casos, es importante moderar la sonrisa y acompañarla con otras señales no verbales, como un tono de voz tranquilo o un gesto de apoyo, para que el mensaje sea percibido de manera adecuada.

Es importante también considerar las diferencias culturales en la interpretación de la sonrisa. En algunas culturas occidentales, la sonrisa es vista como una expresión de cordialidad y se utiliza con frecuencia en interacciones sociales y profesionales. Sin embargo, en otras culturas, especialmente en Asia, una sonrisa puede ser utilizada para ocultar emociones negativas, como el malestar o la vergüenza, y no necesariamente indica felicidad o acuerdo. Por ello, al utilizar la sonrisa como herramienta de comunicación, es fundamental tener en cuenta el contexto cultural y adaptar su uso según la situación.

Para maximizar el impacto de tu sonrisa, es recomendable acompañarla de un contacto visual adecuado y de una postura abierta. Cuando sonríes y miras a los ojos de la otra persona, refuerzas el mensaje de cercanía y creas una conexión más fuerte. La postura corporal también juega un papel importante: una postura relajada y abierta complementa la sonrisa, mostrando que estás cómodo y dispuesto a interactuar.

Si deseas utilizar la sonrisa para persuadir e influir, es crucial que sea genuina. Las personas tienen una habilidad innata para detectar una sonrisa falsa, lo que puede afectar negativamente la percepción de tu sinceridad y confianza. Practicar la sonrisa de Duchenne, que involucra tanto los músculos de la boca como los de los ojos, puede ayudarte a proyectar una imagen más auténtica. También puedes ejercitar el hábito de sonreír en situaciones cotidianas para que se convierta en una respuesta natural, lo que te permitirá usarla de manera más efectiva en interacciones importantes.

La sonrisa también puede ser utilizada estratégicamente para cambiar el rumbo de una conversación o aliviar tensiones. Si percibes que una conversación se está volviendo demasiado seria o tensa, una sonrisa puede suavizar el ambiente y redirigir la interacción hacia un tono más positivo. Sin embargo, es importante no utilizarla de manera excesiva o inapropiada, ya que podría ser percibida como una forma de minimizar el problema o evitar abordar temas difíciles.

El tono de voz adecuado

El tono de voz es uno de los aspectos más importantes del lenguaje corporal, ya que influye directamente en cómo se interpreta y percibe el mensaje que transmites. Aunque muchas veces se piensa en el tono de voz como un componente secundario, la verdad es que tiene un impacto significativo en la comunicación, ya que puede cambiar el significado de las palabras que utilizas. Un tono de voz adecuado complementa el mensaje verbal, lo refuerza y añade matices que permiten una comprensión más profunda de lo que quieres expresar. Cuando aprendes a manejar tu tono de voz, puedes mejorar la efectividad de tus conversaciones, persuadir con mayor facilidad y crear una conexión más sólida con los demás.

El tono de voz se refiere a la modulación y el énfasis que das a tu voz cuando hablas. Puede transmitir una variedad de emociones e intenciones, como la autoridad, la serenidad, la empatía o incluso la ironía. La forma en que modulas tu tono afecta no solo la claridad del mensaje, sino también la manera en que se recibe. Por ejemplo, un mismo mensaje puede sonar amigable o agresivo dependiendo del tono de voz que uses, y esto puede influir en la forma en que el interlocutor responde. El tono de voz es, en muchas ocasiones, más importante que las palabras mismas, ya que establece el contexto emocional de la conversación.

La efectividad de tu tono de voz depende en gran medida de la situación y el contexto. Un tono de voz firme y seguro puede ser ideal en una presentación profesional o durante una negociación, ya que proyecta autoridad y confianza. Sin embargo, en una conversación personal o cuando tratas un tema delicado, un tono más suave y cálido puede ser más apropiado, ya que transmite empatía y cercanía. La flexibilidad para adaptar tu tono a diferentes situaciones es clave para mejorar la efectividad de tu comunicación y evitar malentendidos.

Además de la modulación, el volumen de la voz también es un factor importante a tener en cuenta. Hablar demasiado alto puede interpretarse como una forma de imponer tu opinión o de estar molesto, mientras que un volumen muy bajo puede dar la impresión de que no tienes confianza o de que no estás seguro de lo que estás diciendo. Encontrar un equilibrio en el volumen, adaptándolo a la dinámica de la conversación y al entorno, es esencial para que el mensaje se perciba de manera adecuada.

El ritmo o velocidad con la que hablas también influye en la percepción del mensaje. Hablar demasiado rápido puede hacer que los demás sientan que estás ansioso o nervioso, y puede dificultar que comprendan lo que estás diciendo. Por otro lado, hablar muy lentamente puede parecer condescendiente o aburrido. La clave está en un ritmo moderado, que permita una comunicación clara y que se adapte a las reacciones de la otra persona. Variar el ritmo según el tema que estés tratando también puede ser una herramienta efectiva para captar la atención del interlocutor. Por ejemplo, aumentar ligeramente la velocidad cuando narras una anécdota interesante o disminuirla cuando expones un punto crítico puede ayudar a enfatizar el mensaje.

El tono de voz también es un indicador de emociones y puede revelar mucho sobre lo que realmente sientes, incluso si no lo dices con palabras. Cuando estás nervioso, tu voz tiende a temblar o a ser más aguda. En cambio, cuando te sientes confiado y relajado, tu tono es más firme y estable. Aprender a controlar estas variaciones en situaciones donde es crucial proyectar una imagen específica –como una entrevista de trabajo, una presentación o una negociación– puede marcar la diferencia entre transmitir una impresión positiva o negativa.

Una parte esencial del tono de voz es la entonación, que es la variación en el tono a lo largo de una frase o una oración. La entonación adecuada puede indicar si estás haciendo una afirmación, formulando una pregunta o expresando una emoción. Por ejemplo, al final de una pregunta, la entonación suele subir ligeramente, mientras que en una afirmación tiende a ser descendente. Jugar con la entonación no solo ayuda a darle vida a lo que dices, sino que también permite guiar a la otra persona en la conversación y destacar los aspectos más importantes de tu mensaje.

El tono de voz también se puede utilizar estratégicamente para influir y persuadir. En una conversación persuasiva, un tono calmado y convincente puede ser más efectivo que un tono agresivo o demasiado enfático. Al mantener un tono controlado, es más probable que la otra persona esté dispuesta a escuchar y considerar tu punto de vista, ya que no se siente presionada o atacada. El tono adecuado puede facilitar la creación de un ambiente de cooperación y apertura, lo que es crucial en negociaciones o discusiones complejas.

No obstante, el uso del tono de voz varía según la cultura. En algunas culturas, un tono de voz elevado puede considerarse una muestra de entusiasmo o sinceridad, mientras que en otras puede interpretarse como una falta de respeto o agresividad. Por ello, es importante tener en cuenta las diferencias culturales cuando se interactúa con personas de distintos orígenes para ajustar el tono de manera que sea bien recibido y no genere malentendidos.

Para mejorar el uso del tono de voz, es recomendable practicar ejercicios de respiración y relajación. La respiración profunda y controlada te ayudará a mantener un tono más estable y a evitar que tu voz suene temblorosa cuando estés nervioso. La práctica regular de lectura en voz alta, prestando atención a la modulación y entonación, también puede ser beneficiosa. Grabarte mientras hablas y luego escuchar la grabación puede darte una perspectiva sobre cómo suena realmente tu tono de voz y qué ajustes podrías hacer para mejorarlo.

El tono de voz es mucho más que un simple reflejo de tus emociones; es una herramienta para influir en cómo los demás perciben tu mensaje. Aprender a utilizarlo de manera adecuada en distintas situaciones puede mejorar significativamente tu capacidad de comunicación, haciéndote más persuasivo y ayudándote a conectar mejor con las personas. Cuando controlas tu tono de voz, puedes proyectar la emoción que deseas transmitir y reforzar el mensaje verbal, logrando que tus palabras tengan un impacto más profundo y sean recordadas de manera positiva.

Utiliza las pausas necesarias

Las pausas no son solo espacios en silencio entre palabras, sino herramientas estratégicas que pueden aportar claridad, énfasis y profundidad a lo que se dice. Cuando utilizas las pausas de manera adecuada, no solo refuerzas el mensaje, sino que también le das a la conversación un ritmo natural que facilita la comprensión y mantiene el interés del interlocutor.

Las pausas permiten que tanto tú como la otra persona en la conversación tengan tiempo para procesar la información. Hablar sin pausas o apresuradamente puede hacer que el mensaje se perciba como confuso o abrumador, y es más probable que el interlocutor pierda detalles importantes. Por el contrario, cuando haces pausas estratégicas, das a la otra persona el tiempo necesario para asimilar lo que acabas de decir, lo que facilita la comprensión y mejora la retención del mensaje. Las pausas son especialmente efectivas cuando se usan antes o después de puntos clave, ya que ayudan a subrayar la importancia de lo que se ha dicho o lo que se va a decir.

Una pausa bien colocada también puede servir para enfatizar un mensaje. Al detenerte momentáneamente antes de decir algo importante, creas una anticipación que llama la atención del interlocutor. Este pequeño espacio de silencio prepara a la otra persona para recibir el mensaje con mayor concentración y hace que tus palabras tengan más impacto. Por ejemplo, si estás hablando sobre un logro significativo en una presentación, pausar antes de anunciar el resultado puede aumentar la expectativa y resaltar la importancia de la información.

Además de enfatizar, las pausas son útiles para marcar transiciones en la conversación. Cuando cambias de tema o introduces un nuevo punto, una breve pausa puede ayudar a separar las ideas y evitar que la conversación se sienta desordenada o acelerada. Este uso de las pausas contribuye a una comunicación más clara y organizada, haciendo que sea más fácil para el interlocutor seguir el flujo de la conversación.

En situaciones de negociación o en discusiones delicadas, las pausas también pueden ser una herramienta útil para controlar el ritmo de la conversación y manejar la tensión. Cuando la conversación se torna intensa o emocional, una pausa permite que ambas partes tomen un respiro, lo que puede ayudar a reducir la ansiedad y a mantener la calma. El silencio momentáneo da espacio para que el interlocutor reflexione sobre lo que se ha dicho y puede llevarlo a ofrecer más información o reconsiderar su posición. Esto es especialmente valioso en situaciones donde se busca llegar a un acuerdo o resolver un conflicto.

Las pausas también juegan un papel crucial en el manejo de la entonación y el tono de voz. Al tomarte un momento para pausar, puedes ajustar el tono para que sea congruente con el mensaje que quieres transmitir. Si estás comunicando algo serio, la pausa puede dar lugar a un tono más grave y reflexivo, mientras que en una conversación más ligera, el silencio breve puede dar paso a una entonación más relajada y amigable. La capacidad de controlar el tono y las pausas hace que el mensaje sea más coherente y creíble.

Es importante reconocer que las pausas no siempre se interpretan de la misma manera en diferentes culturas. En algunas culturas occidentales, el silencio en una conversación puede percibirse como incómodo o un indicio de que el interlocutor ha perdido interés. Sin embargo, en culturas asiáticas o nórdicas, el uso del silencio es común y se valora como una forma de mostrar respeto y reflexión. Al interactuar con personas de distintos orígenes culturales, es esencial ajustar el uso de las pausas para que sean apropiadas y no se perciban de manera negativa.

Para dominar el uso de las pausas, es necesario practicar y ser consciente de cómo afectan la conversación. Puedes comenzar leyendo en voz alta y haciendo una pausa intencional cada vez que llegues a un punto importante o un cambio de idea. También es útil grabarte mientras hablas y luego escuchar dónde has colocado las pausas y cómo han afectado el ritmo de tu discurso. La práctica de la respiración profunda también puede ayudarte a controlar mejor las pausas, ya que te permitirá tomarte un momento para respirar antes de continuar hablando, lo que hará que las pausas sean más naturales.

Las pausas no solo son útiles para ti como hablante, sino que también benefician al interlocutor, ya que le dan la oportunidad de participar más activamente en la conversación. Cuando haces una pausa después de una pregunta, estás invitando al otro a responder o a compartir sus pensamientos, lo que fomenta un diálogo más equilibrado y dinámico. El silencio en estos momentos no debe verse como una falta de palabras, sino como un espacio de oportunidad para que la conversación avance de manera más rica y significativa.

El uso adecuado de las pausas también puede ayudarte a gestionar tus emociones y evitar reacciones impulsivas. En situaciones de conflicto o desacuerdo, tomarse un momento para pausar antes de responder puede darte tiempo para formular una respuesta más reflexiva y considerada, en lugar de responder de manera reactiva. Esta pausa te permite regular tus emociones y reducir la probabilidad de que el diálogo se torne confrontativo o improductivo.

En definitiva, las pausas son una herramienta esencial del lenguaje corporal que añade profundidad, claridad y poder a la comunicación. Cuando aprendes a utilizarlas correctamente, puedes transformar una conversación ordinaria en una interacción más efectiva y significativa. Las pausas no son vacíos en el diálogo, sino momentos estratégicos que pueden realzar el mensaje, mejorar la comprensión y facilitar una conexión más auténtica con los demás. Al dominar el arte de pausar, no solo perfeccionas tu habilidad de comunicación, sino que también te vuelves más persuasivo y consciente en tus interacciones.

Ten una postura erguida

Tener una postura erguida es una de las formas más efectivas de transmitir confianza, seguridad y apertura en la comunicación. La forma en que mantienes tu cuerpo al interactuar con los demás influye significativamente en cómo se percibe tu mensaje y en la impresión que dejas en los demás. Una postura erguida no solo es un indicador de una actitud positiva y segura, sino que también puede afectar tu estado emocional, haciendo que te sientas más en control y preparado para enfrentar cualquier situación. Aprender a mantener una postura erguida es, por lo tanto, una herramienta clave para mejorar tu lenguaje corporal y la efectividad de tus interacciones.

Cuando mantienes una postura erguida, proyectas una imagen de confianza y autoridad. Esto es especialmente importante en situaciones donde necesitas influir o persuadir, como en presentaciones, reuniones de trabajo o entrevistas. Al mantener los hombros hacia atrás y la columna recta, transmites la impresión de que eres una persona segura de sí misma y capaz de manejar la situación. Esta imagen de seguridad no solo influye en cómo te perciben los demás, sino que también afecta tu propia percepción de competencia. Según la teoría del "embodiment" o encarnación, tu cuerpo influye en tus emociones y pensamientos; al adoptar una postura erguida, es más probable que te sientas más confiado y con mayor energía.

La postura erguida también es un signo de apertura y receptividad. Al mantener una posición recta, pero relajada, demuestras que estás dispuesto a escuchar y participar en la conversación. Por el contrario, una postura encorvada o cerrada, con los hombros hacia adelante, puede sugerir falta de interés, inseguridad o incluso cansancio. Además, cuando te encorvas, es más difícil mantener contacto visual y proyectar la voz con claridad, lo que puede afectar negativamente la calidad de la comunicación. Una postura erguida facilita una proyección de voz más fuerte y clara, lo que refuerza el mensaje que estás transmitiendo.

Adoptar una postura erguida también tiene beneficios físicos. Una posición correcta alivia la tensión en los músculos del cuello, la espalda y los hombros, lo que puede prevenir dolores y molestias asociados con la mala postura. Además, al mantener la columna vertebral alineada, permites que los pulmones se expandan mejor, mejorando la respiración y aumentando la oxigenación del cuerpo. Esto no solo contribuye a tu bienestar general, sino que también ayuda a que te sientas más alerta y enfocado durante las interacciones.

Es importante ser consciente de cómo tu postura puede cambiar en diferentes situaciones. Es posible que cuando te enfrentas a una situación estresante o incómoda, tiendas a encorvarte o a cruzar los brazos como una forma de autoprotección. Sin embargo, ser consciente de estos hábitos y corregirlos adoptando una postura erguida puede ayudarte a proyectar una imagen de mayor control y confianza, incluso si no te sientes completamente seguro en ese momento. Este ajuste en la postura no solo mejora tu apariencia, sino que también envía señales al cerebro para reducir el estrés y aumentar la sensación de control.

En el contexto de la comunicación interpersonal, la postura erguida también favorece la conexión con los demás. Cuando mantienes una posición recta y orientas tu cuerpo hacia la persona con la que hablas, demuestras que estás plenamente presente y comprometido en la interacción. Esto es crucial para crear una relación de confianza y para que la otra persona se sienta escuchada y valorada. Una postura erguida y abierta invita a la otra persona a acercarse y a participar de manera más activa en la conversación.

El entorno cultural también puede influir en la interpretación de la postura. En muchas culturas occidentales, una postura erguida se asocia con confianza, liderazgo y respeto. Sin embargo, en algunas culturas asiáticas, puede ser más común mantener una postura ligeramente inclinada hacia adelante para mostrar cortesía y respeto. Es importante ser consciente de estas diferencias y ajustar tu postura según el contexto cultural y la situación en la que te encuentres para que tu lenguaje corporal sea adecuado y efectivo.

Para practicar una postura erguida, imagina que hay un hilo que tira de la parte superior de tu cabeza hacia el techo, alineando tu columna vertebral y elevando suavemente tu pecho. Mantén los hombros hacia atrás y relajados, y evita inclinar la cabeza hacia adelante o hacia abajo. Siéntete libre de moverte y ajustar tu posición para mantener la naturalidad, pero asegúrate de que la base de la postura sea recta y abierta. Con la práctica, mantener una postura erguida se convertirá en un hábito que te ayudará a proyectar confianza y apertura de manera automática.

En situaciones donde necesitas proyectar autoridad, como una presentación en público, la postura erguida debe ir acompañada de otros elementos del lenguaje corporal, como el contacto visual y los gestos con las manos. La combinación de estos factores refuerza la impresión de que eres una persona segura y competente. Al mismo tiempo, evita exagerar la postura o volverte rígido, ya que esto puede hacer que parezcas tenso o poco natural. La clave es encontrar un equilibrio entre una postura recta y una actitud relajada.

La postura erguida no es solo una herramienta para influir en los demás, sino que también impacta en cómo te sientes. Al adoptar una posición más segura, puedes reducir el estrés, mejorar tu estado de ánimo y aumentar tu disposición para enfrentar desafíos. Esta técnica, conocida como "power posing" o posturas de poder, ha sido explorada en investigaciones psicológicas, mostrando que la adopción de posturas expansivas y abiertas puede afectar los niveles hormonales y aumentar la sensación de poder personal.

Tener una postura erguida es una de las prácticas más efectivas para mejorar el lenguaje corporal y la comunicación. Al proyectar confianza, apertura y control, no solo influyes en la percepción de los demás, sino que también mejoras tu propio estado emocional y físico.

La posición de los pies

La posición de los pies es un aspecto del lenguaje corporal que a menudo se pasa por alto, pero que puede revelar mucho sobre nuestras emociones, actitudes e intenciones. A diferencia de las expresiones faciales o los gestos con las manos, los movimientos y la posición de los pies son menos conscientes, lo que significa que pueden reflejar con mayor sinceridad lo que realmente sentimos. La forma en que colocas los pies durante una conversación o en una interacción social puede indicar si te sientes cómodo, nervioso, interesado o incluso si estás deseando salir de la situación. Al aprender a interpretar y ajustar la posición de los pies, puedes mejorar la forma en que te comunicas y proyectar una imagen de mayor confianza y control.

Cuando hablas con alguien, la orientación de tus pies puede ser un indicador claro de tu disposición hacia la otra persona. Si tus pies están apuntando directamente hacia el interlocutor, generalmente significa que estás prestando atención y que te interesa lo que se está diciendo. Por el contrario, si tus pies están orientados hacia la puerta o hacia otro lado, puede interpretarse como una señal de que estás distraído, incómodo o deseas finalizar la conversación. Este pequeño detalle del lenguaje corporal puede influir significativamente en la percepción que los demás tienen de ti, ya que muestra tu nivel de compromiso en la interacción.

La postura de los pies también puede reflejar tus emociones. Cuando una persona se siente nerviosa o incómoda, tiende a mover los pies constantemente, a cruzarlos o a esconderlos debajo de la silla. Estos movimientos son intentos subconscientes de aliviar la tensión o de crear una barrera protectora. En cambio, una posición más estable y abierta, con los pies plantados firmemente en el suelo y ligeramente separados, proyecta una imagen de seguridad y confianza. Esta postura no solo te ayuda a transmitir un mensaje más claro, sino que también afecta tu propio estado emocional, dándote una sensación de mayor control y calma.

Consejos prácticos para mejorar la posición de los pies:

- **Mantén los pies apuntando hacia la persona con la que estás hablando:** Esto muestra que estás enfocado en la conversación y que estás presente en la interacción. Es una forma de reforzar el mensaje de que valoras el tiempo y las palabras del interlocutor.
- **Evita cruzar los pies o esconderlos debajo de la silla en situaciones formales:** Cuando estás en una reunión o entrevista, mantén los pies plantados firmemente en el suelo. Esta posición transmite estabilidad y seguridad. Cruza los pies solo en situaciones más informales donde desees proyectar relajación.
- **Observa la orientación de los pies de las personas con las que hablas:** Si notas que los pies del interlocutor están orientados hacia la puerta o lejos de ti, es posible que esté perdiendo interés o quiera finalizar la conversación. Puedes intentar redirigir el tema o hacer una pregunta para captar su atención.
- **Si estás de pie, mantén los pies a la altura de los hombros, ligeramente separados:** Esto te dará una base estable y proyectará confianza. Evita juntar demasiado los pies, ya que puede hacerte parecer inseguro o nervioso.
- **Usa los movimientos de los pies para liberar tensión de manera discreta:** Si sientes ansiedad, en lugar de mover constantemente los pies de forma visible, haz movimientos pequeños y sutiles, como cambiar de peso de un pie a otro o balancear los talones ligeramente.

La posición de los pies también puede indicar si estás abierto a interactuar o si deseas mantener cierta distancia. Por ejemplo, cuando los pies están ligeramente separados y apuntan hacia adelante, sugieren una actitud abierta y receptiva. Si, por el contrario, los pies están cruzados o dirigidos hacia adentro, puede interpretarse como una señal de retraimiento o deseo de protegerte. Ser consciente de estos detalles puede ayudarte a ajustar tu postura según la situación para transmitir una imagen más acorde con tus intenciones.

Además, la posición de los pies puede ser útil para gestionar situaciones en las que necesitas proyectar autoridad o controlar la conversación. En contextos donde es importante mostrar liderazgo, como al dar una presentación o dirigir una reunión, mantener una postura firme con los pies separados a la altura de los hombros y ambos pies apuntando hacia el frente te dará una apariencia más dominante. Esta posición te ancla al suelo y facilita una mejor proyección de la voz, haciendo que tu mensaje sea percibido como más sólido y seguro.

Por otro lado, en situaciones donde deseas generar un ambiente más cercano y accesible, puedes inclinar ligeramente tu cuerpo hacia un lado y permitir que un pie apunte ligeramente hacia afuera. Este pequeño cambio puede suavizar la percepción de tu postura y hacer que los demás se sientan más cómodos en tu presencia. Sin embargo, es importante no exagerar estos movimientos, ya que pueden hacer que parezcas demasiado casual o despreocupado en situaciones que requieren formalidad.

Formas prácticas de aplicar la posición de los pies para mejorar la comunicación:

- **En una conversación en grupo:** Si estás en una interacción grupal y deseas hablar con una persona

específica, orienta tus pies hacia ella para mostrarle que tiene tu atención. Esto puede ayudar a que la persona se sienta más incluida y a crear una conexión más fuerte.
- **En una presentación:** Mantén los pies firmes en el suelo, con una base amplia y equilibrada. Evita moverte nerviosamente o cruzar los pies, ya que esto puede distraer a la audiencia y hacer que parezcas inseguro.
- **Cuando estás de pie esperando:** En situaciones sociales o profesionales donde esperas que alguien se acerque a ti, mantén los pies apuntando hacia adelante y evita cruzarlos o girarlos hacia adentro. Esta posición te hará parecer más accesible y dispuesto a interactuar.
- **Al acercarte a alguien:** Si te aproximas a otra persona para iniciar una conversación, asegúrate de que tus pies estén orientados hacia ella al detenerte. Esto refuerza tu disposición para conversar y demuestra interés en la interacción.

La posición de tus manos y brazos

Las manos y los brazos son extensiones naturales del cuerpo que acompañan y refuerzan lo que estás diciendo, ya sea para dar énfasis, transmitir emociones o incluso crear barreras. Aprender a utilizar y posicionar las manos y los brazos de manera consciente puede ayudarte a comunicarte de forma más clara, persuasiva y abierta. Cuando tus movimientos son coherentes con tus palabras, puedes generar una mayor conexión con tu interlocutor y transmitir seguridad y apertura.

El uso de las manos y los brazos en la comunicación puede variar según el contexto y la situación. En general, es recomendable mantener una postura abierta y natural, evitando posturas cerradas o defensivas, como cruzar los brazos frente al cuerpo o esconder las manos en los bolsillos. Estas posiciones pueden sugerir que te sientes incómodo, a la defensiva o incluso desinteresado. Por otro lado, usar las manos para gesticular de manera fluida y mantener los brazos relajados a los lados del cuerpo puede transmitir una actitud más accesible y receptiva, lo que facilita la comunicación y el entendimiento.

Consejos prácticos para aplicar el uso de las manos y los brazos en la comunicación:

- **Mantén una postura abierta:** Evita cruzar los brazos sobre el pecho, ya que esto puede interpretarse como una barrera defensiva o una señal de que no estás receptivo a lo que se dice. En su lugar, coloca los brazos a los lados o utiliza las manos para acompañar tus palabras de manera natural.
- **Usa las manos para enfatizar los puntos importantes:** Cuando hables, utiliza gestos para reforzar lo que estás diciendo. Por ejemplo, puedes abrir las palmas hacia arriba para mostrar sinceridad o apuntar suavemente con un dedo para señalar un punto específico. Sin embargo, evita gestos exagerados que puedan distraer o parecer poco naturales.
- **Muestra las palmas para transmitir honestidad:** Enseñar las palmas de las manos durante una conversación es un gesto que históricamente se asocia con la sinceridad y la franqueza. Cuando muestras las palmas, demuestras que no tienes nada que ocultar y que estás abierto a la interacción.
- **Evita esconder las manos en los bolsillos o detrás del cuerpo:** Esconder las manos puede dar la impresión de inseguridad, nerviosismo o desinterés. Mantén las manos visibles y utiliza gestos que sean coherentes con el mensaje que deseas transmitir.

- **Usa los gestos con moderación:** Aunque los gestos pueden reforzar tu mensaje, usarlos en exceso o de forma exagerada puede distraer a la audiencia o restarle seriedad a lo que estás diciendo. La clave es encontrar un equilibrio que te permita gesticular de manera natural y efectiva.

La posición de los brazos también puede transmitir diferentes actitudes. Por ejemplo, los brazos cruzados frente al cuerpo son una postura común que puede indicar defensa, inseguridad o desacuerdo. Aunque es una posición cómoda para algunas personas, puede crear una barrera física y emocional en la conversación. Si te das cuenta de que tiendes a cruzar los brazos, intenta abrir tu postura colocando los brazos a los lados o apoyándote ligeramente en una mesa o superficie cercana. Esta apertura en la posición de los brazos puede hacer que te veas más accesible y dispuesto a interactuar.

Además, el uso de los brazos para crear gestos amplios puede transmitir una imagen de seguridad y confianza. Cuando usas los brazos para hacer gestos que abarcan más espacio, proyectas una actitud de poder y dominio, lo que puede ser útil en situaciones donde necesitas mostrar liderazgo o control. Sin embargo, es importante no exagerar estos movimientos, ya que pueden parecer forzados o incluso intimidantes. Un enfoque más sutil es usar gestos medianos que se mantengan dentro del espacio personal y que acompañen el ritmo de tus palabras.

Formas prácticas de aplicar la posición de las manos y los brazos:

- **En una presentación:** Usa los brazos para acompañar tus palabras y hacer que el mensaje sea más dinámico. Mantén una postura erguida y evita cruzar los brazos frente al cuerpo. Puedes utilizar gestos suaves para subrayar puntos clave, como levantar la mano para enfatizar o abrir los brazos para incluir a la audiencia.

- **Durante una conversación informal:** Relaja los brazos y utiliza gestos naturales para complementar lo que dices. Por ejemplo, si estás explicando algo, mueve suavemente las manos para ilustrar tus palabras. Si estás escuchando, mantén las manos visibles y adopta una postura abierta, con los brazos ligeramente separados del cuerpo.
- **En una negociación o discusión:** Es importante proyectar una imagen de seguridad y apertura. Mantén los brazos a los lados o utiliza gestos que indiquen apertura, como mostrar las palmas de las manos. Evita movimientos bruscos o gestos que puedan percibirse como agresivos, como señalar con el dedo o golpear una mesa.
- **Al querer transmitir tranquilidad:** Si deseas calmar una situación o transmitir serenidad, utiliza movimientos lentos y gestos suaves con las manos. Por ejemplo, levantar las manos con las palmas hacia abajo y hacer un movimiento descendente puede ser interpretado como una invitación a la calma.

Consideraciones sobre el uso cultural de las manos y los brazos:

El uso de las manos y los brazos en la comunicación puede variar según la cultura. En algunas culturas, los gestos amplios y expresivos son comunes y bien recibidos, mientras que en otras, se prefieren movimientos más discretos. También hay gestos específicos que pueden tener diferentes significados en distintas culturas. Por ejemplo, el gesto de "OK" (hacer un círculo con el pulgar y el índice) es positivo en algunas regiones, pero puede ser ofensivo en otras. Es importante ser consciente de estas diferencias para evitar malentendidos.

Cómo mejorar el uso de las manos y los brazos en la comunicación:

- **Practica frente a un espejo:** Observa cómo utilizas tus manos y brazos cuando hablas. Esto te ayudará a identificar gestos repetitivos o poco naturales y a ajustar tus movimientos para que sean más coherentes con el mensaje.
- **Haz grabaciones de ti mismo hablando:** Al revisar la grabación, presta atención a la forma en que mueves las manos y los brazos. Nota si tus gestos son adecuados para el mensaje y si acompañan tus palabras de manera natural.
- **Observa a personas que se comunican de manera efectiva:** Fíjate en cómo los oradores experimentados utilizan sus manos y brazos para reforzar su mensaje. Intenta aplicar algunas de sus técnicas a tu estilo personal.
- **Haz ejercicios de relajación para evitar la tensión en los brazos y las manos:** Si tiendes a apretar las manos o tensar los brazos cuando hablas, practica técnicas de respiración y relajación muscular para mantener una postura más natural.

Imita las posiciones de la otra persona para crear una conexión

Imitar las posiciones de la otra persona, también conocido como "reflejo" o "mirroring" en el lenguaje corporal, es una técnica poderosa para crear una conexión más profunda y fomentar la empatía en una conversación. Consiste en reproducir sutilmente los gestos, posturas o movimientos del interlocutor de forma natural y sin exageraciones, lo cual genera una sensación de sincronía y comodidad. Esta práctica, cuando se realiza correctamente, puede aumentar la confianza y la sensación de afinidad, haciendo que la conversación sea más fluida y efectiva.

El "mirroring" funciona porque refleja una conducta social básica: las personas tienden a sentirse más cómodas y atraídas hacia aquellos que son similares a ellas, incluso en términos de lenguaje corporal. Estudios en psicología social han demostrado que cuando alguien imita sutilmente el comportamiento no verbal de otra persona, se crea un sentido de "similitud percibida", lo que aumenta la receptividad y la disposición a cooperar. Esto es especialmente útil en situaciones de negociación, entrevistas, reuniones de trabajo y en cualquier contexto en el que desees construir una relación de confianza.

Consejos prácticos para aplicar el "mirroring" en la comunicación:

- **Hazlo de manera sutil y natural:** El reflejo debe ser imperceptible para la otra persona. Si imitas los gestos de manera muy obvia o exagerada, puede parecer forzado y contraproducente. Por ejemplo, si el interlocutor cruza los brazos, puedes imitarlo ligeramente al colocar tus manos sobre la mesa, lo cual refleja el gesto sin hacerlo de manera exacta.
- **Refleja tanto la postura como los gestos:** No se trata solo de copiar la posición de los brazos o las manos, sino también de ajustar tu postura general. Si la otra persona se inclina hacia adelante cuando habla, puedes inclinarte ligeramente también para mostrar interés y compromiso.
- **Adapta tu tono de voz y ritmo de habla al del interlocutor:** El "mirroring" no se limita al lenguaje corporal; también puedes ajustar tu tono de voz, el volumen y la velocidad al estilo del otro. Si la persona

habla de manera pausada y tranquila, intenta responder en el mismo tono para crear una mayor sintonía.
- **Observa las reacciones del interlocutor:** Si notas que la persona parece más cómoda o más abierta después de que has comenzado a imitar su lenguaje corporal, es una señal de que el reflejo está funcionando. Sin embargo, si la persona cambia su postura repentinamente o se aleja, podría ser una señal de que se siente incómoda con el "mirroring". En ese caso, ajusta tu comportamiento.

Cómo aplicar el "mirroring" en diferentes contextos:

1. **En una reunión de trabajo o negociación:** Si estás en una reunión importante, observa cómo se sienta la persona con la que estás negociando. Si se inclina hacia adelante o mantiene los brazos relajados sobre la mesa, haz lo mismo. Esto puede ayudar a generar una atmósfera de cooperación y reducir la percepción de confrontación.
2. **En una entrevista de trabajo:** Si el entrevistador tiende a cruzar las piernas o a apoyar las manos en el escritorio, puedes adoptar una postura similar para mostrar afinidad. También puedes adaptar la velocidad de tu discurso y el tono de voz al estilo del entrevistador para crear un sentido de sintonía.
3. **En una conversación social o encuentro casual:** Si notas que la otra persona está más relajada y tiene una postura abierta, imita esos movimientos para crear un ambiente más amigable. Si, por el contrario, la persona muestra señales de nerviosismo, imitar suavemente sus movimientos puede ayudar a crear una conexión más empática.

Beneficios del "mirroring" en la creación de conexiones:

- **Aumenta la empatía y la confianza:** El "mirroring" puede hacer que la otra persona sienta que la comprendes y que estás alineado con ella, lo que fortalece la relación y la confianza. Al reflejar sus movimientos, le envías una señal no verbal de que estás en la misma sintonía.
- **Facilita la comunicación y el entendimiento:** Cuando las personas perciben una mayor similitud entre ellas, son más propensas a abrirse y a compartir sus pensamientos. Esto puede hacer que las conversaciones sean más ricas y significativas.
- **Reduce la tensión y la percepción de amenaza:** En situaciones potencialmente tensas, como una negociación, el "mirroring" ayuda a disminuir la tensión y a promover una atmósfera de cooperación. Reflejar el lenguaje corporal de la otra persona puede hacer que la conversación sea menos confrontativa y más colaborativa.

Formas prácticas de aplicar el "mirroring" sin que parezca forzado:

- **Imita solo ciertos aspectos del lenguaje corporal:** No es necesario copiar todos los movimientos de la otra persona. Elige algunos gestos clave, como la postura general, la posición de las manos o el ángulo del cuerpo, y reflejalos de manera sutil.
- **Deja un pequeño retraso en la imitación:** Imitar inmediatamente puede parecer poco natural. Espera unos segundos antes de reflejar el gesto del interlocutor para que el "mirroring" sea más discreto.
- **Refleja la energía general de la conversación:** Si la conversación es animada y la otra persona gesticula

mucho, puedes aumentar ligeramente el uso de tus propios gestos. Si la interacción es más calmada, modera tus movimientos para adaptarte al tono general.

Errores comunes al usar el "mirroring" y cómo evitarlos:

- **Imitar de manera demasiado literal:** Evita copiar exactamente cada movimiento. Si el interlocutor se toca la cara o ajusta sus gafas, no lo hagas tú también, ya que podría parecer que te estás burlando. El "mirroring" debe ser sutil y centrarse en la postura general y el ritmo de la interacción.
- **No adaptar el "mirroring" al contexto:** Si la conversación es sobre un tema serio, como una discusión difícil, imitar posturas relajadas o gestos excesivamente amplios puede restar seriedad a la situación. Ajusta el "mirroring" a la naturaleza del intercambio.
- **No prestar atención a los cambios del interlocutor:** El "mirroring" no es un proceso estático. Si la otra persona cambia de postura o adopta una actitud diferente, debes ajustar tus movimientos para seguir creando sintonía.

Cómo mover tu cuerpo mientras conversas

El lenguaje corporal no se limita a las expresiones faciales o las manos; el movimiento general de tu cuerpo juega un papel crucial en la comunicación efectiva. Cuando usas el movimiento corporal de manera estratégica, puedes hacer que tus interacciones sean más dinámicas, mantener el interés del otro y proyectar confianza y seguridad. Sin embargo, es importante saber cómo moverse de manera adecuada para que los gestos sean naturales y no distraigan.

El movimiento del cuerpo en la conversación tiene un impacto directo en la percepción que los demás tienen de ti y de tu mensaje. Movimientos bien controlados pueden ayudar a subrayar tus puntos clave, crear una conexión emocional y guiar la atención del interlocutor. Por otro lado, movimientos excesivos, erráticos o que no tienen coherencia con lo que estás diciendo pueden resultar distractores y restar credibilidad a tu comunicación. El secreto está en mantener un equilibrio que te permita transmitir seguridad sin parecer rígido o artificial.

Consejos prácticos para mover el cuerpo mientras conversas:

- **Mantén un movimiento fluido y natural:** Evita movimientos bruscos o repetitivos que puedan distraer a tu interlocutor. Es importante que el movimiento del cuerpo sea una extensión de lo que estás diciendo, acompañando tus palabras de manera armoniosa.
- **Acompaña tus palabras con gestos significativos:** Utiliza las manos y los brazos para dar énfasis a tus puntos clave. Por ejemplo, puedes abrir los brazos al hablar de algo inclusivo o amplio, o usar movimientos más cortos y precisos al hacer una afirmación específica. Esto añade dinamismo a la conversación y facilita la comprensión.
- **Evita balancearte o moverte demasiado mientras estás de pie:** Cuando estás de pie, es importante mantener una postura equilibrada. Evita moverte de un lado a otro o balancearte, ya que esto puede percibirse como un signo de nerviosismo. En su lugar, si necesitas cambiar de posición, hazlo de manera consciente y deliberada.
- **Usa el espacio para reforzar tu mensaje:** Si estás en una presentación o dando una charla, muévete por el espacio de manera controlada para conectar mejor con diferentes personas. Caminar un poco hacia un lado mientras haces una transición en el tema puede ayudar a marcar un cambio en la conversación y mantener la atención.

- **Cambia la orientación de tu cuerpo según la interacción:** Si estás en un grupo, gira ligeramente el cuerpo hacia la persona que está hablando para mostrar interés. Este pequeño ajuste en la orientación indica que estás comprometido en la conversación y ayuda a crear un ambiente de cercanía.

Cómo moverte para transmitir diferentes mensajes y emociones

1. **Para proyectar confianza:** Mantén una postura erguida, con los hombros relajados y los pies separados a la altura de los hombros. Haz gestos amplios y seguros que acompañen tus palabras. No tengas miedo de ocupar espacio, ya que esto proyecta autoridad y seguridad.
2. **Para mostrar empatía y conexión:** Inclínate ligeramente hacia adelante mientras escuchas o hablas. Este movimiento sutil muestra que estás interesado en la conversación y que valoras lo que la otra persona está diciendo. Asegúrate de no invadir el espacio personal del otro, sino de respetar la distancia adecuada.
3. **Para mantener la atención del interlocutor:** Utiliza variaciones en el ritmo y la amplitud de tus movimientos para mantener la conversación dinámica. Por ejemplo, si estás explicando algo importante, puedes hacer una pausa y acompañarla con un gesto de la mano para enfatizar el punto. Luego, continúa con un movimiento más amplio para retomar la fluidez.
4. **Para demostrar apertura y disposición:** Mantén los brazos y las manos visibles y evita cruzarlos frente al cuerpo. Los gestos que abren el espacio alrededor de ti, como extender las manos hacia adelante o hacia los lados, comunican receptividad y disposición a escuchar.

Formas prácticas de aplicar el movimiento corporal en la conversación:

- **En una conversación en grupo:** Cuando participes en una conversación grupal, asegúrate de girar tu cuerpo hacia la persona que está hablando, aunque sea ligeramente. Esto muestra respeto y atención. Cuando sea tu turno de hablar, utiliza gestos que incluyan al grupo para mantener la dinámica.
- **En una presentación o discurso público:** Si estás presentando, utiliza el espacio de manera estratégica. Camina hacia un lado del escenario cuando estés cambiando de tema o para enfatizar un punto, y luego regresa al centro. Esto ayuda a mantener la atención del público y a reforzar los momentos clave de tu discurso.
- **En una negociación o entrevista de trabajo:** Mantén tus movimientos controlados para proyectar calma y control. Usa gestos moderados y evita movimientos rápidos o repetitivos. Inclínate ligeramente hacia adelante cuando desees enfatizar un punto importante o mostrar interés en lo que dice la otra persona.
- **En una conversación informal:** Sé más relajado y natural en tus movimientos. No te preocupes tanto por controlar cada gesto, pero evita movimientos que puedan distraer, como balancear las piernas o jugar con objetos. Utiliza gestos espontáneos para acompañar tus palabras y reforzar el mensaje.

Errores comunes en el movimiento corporal y cómo evitarlos

- **Moverse excesivamente o sin propósito:** Evita caminar de un lado a otro de forma constante o hacer gestos repetitivos que no aporten al mensaje. Estos movimientos pueden percibirse como una falta de control o nerviosismo. En lugar de eso, haz movimientos

deliberados y usa los gestos para complementar lo que estás diciendo.
- **Mantenerse rígido o inmóvil:** La falta de movimiento puede hacer que parezcas tenso o poco natural. Permítete mover ligeramente el cuerpo y utilizar los gestos para darle vida a tu comunicación, pero siempre de forma moderada.
- **Invadir el espacio personal del otro:** Aunque es importante mostrar interés inclinándote hacia adelante o moviéndote en la dirección del interlocutor, asegúrate de respetar su espacio personal. Mantén una distancia cómoda y ajusta tu posición según la respuesta de la otra persona.

La regla del 80/20 en una conversación

La regla del 80/20 en una conversación es un principio que se aplica para maximizar la efectividad de la comunicación, especialmente cuando se trata de escuchar y hablar. En términos generales, esta regla sugiere que el 80% del tiempo deberías estar escuchando y solo el 20% hablando. Es una manera de equilibrar la interacción para asegurarte de que estás comprendiendo realmente a la otra persona y creando un ambiente en el que se sienta escuchada y valorada. Esta técnica es particularmente útil en el contexto de la persuasión, la negociación y la construcción de relaciones, ya que escuchar más de lo que hablas permite que la otra persona se sienta conectada contigo y aumenta la probabilidad de lograr una comunicación efectiva y persuasiva.

La base de la regla del 80/20 radica en el hecho de que escuchar de manera activa es fundamental para crear una buena conexión y entender realmente las necesidades, preocupaciones o perspectivas de la otra persona. Cuando escuchas más y hablas menos, puedes captar detalles importantes, observar el lenguaje corporal del interlocutor y adaptar tu enfoque en función de lo que percibes. El acto de escuchar de forma activa también mejora la calidad de las respuestas que puedes dar, ya que te permite construir una respuesta más relevante y personalizada, en lugar de simplemente esperar tu turno para hablar.

Cuando aplicas la regla del 80/20 en una conversación, muestras interés genuino y empatía, lo cual es esencial para generar confianza. Muchas veces, las personas sienten que no son realmente escuchadas y que la otra parte está más interesada en imponer su punto de vista que en comprender. Escuchar el 80% del tiempo cambia esa dinámica y hace que el interlocutor se sienta comprendido, lo cual es clave para influir y persuadir. Sin embargo, no se trata solo de escuchar en silencio, sino de hacerlo de manera activa, es decir, con preguntas de seguimiento, asintiendo, o con gestos que demuestren que estás involucrado en la conversación.

Consejos prácticos para aplicar la regla del 80/20 en una conversación:

- **Escucha activamente en lugar de solo oír:** Haz preguntas de seguimiento y muestra que estás interesado en lo que dice la otra persona. Evita interrumpir y, en lugar de formular tu respuesta mientras el otro habla, concéntrate en comprender lo que se está diciendo.
- **Utiliza el 20% del tiempo en intervenciones estratégicas:** Cuando hables, procura que tus comentarios sean relevantes y constructivos. Usa ese tiempo para agregar valor a la conversación, ya sea compartiendo una opinión fundamentada, haciendo una pregunta interesante o aportando información que complemente lo que el interlocutor ha dicho.

- **Usa el lenguaje corporal para mostrar que estás escuchando:** Haz contacto visual, asiente con la cabeza y mantén una postura abierta para indicar que estás comprometido en la conversación. Estos gestos refuerzan el mensaje de que valoras lo que la otra persona tiene que decir.
- **Evita acaparar la conversación:** Si te das cuenta de que has estado hablando por más de uno o dos minutos seguidos, es un buen momento para detenerte y dar espacio a la otra persona para que participe. Pregunta algo como: "¿Qué piensas al respecto?" o "¿Cómo lo ves tú?"

Formas prácticas de aplicar la regla del 80/20 en diferentes contextos:

1. **En una negociación o reunión de trabajo:** Comienza escuchando las necesidades, preocupaciones o puntos de vista de la otra parte. Haz preguntas para profundizar en su posición y toma notas mentales de los puntos importantes. Luego, utiliza el 20% del tiempo para hacer sugerencias que respondan a lo que has escuchado, alineando tu propuesta con sus intereses.
2. **En una conversación con un cliente:** Escucha atentamente para comprender sus problemas o lo que busca. Utiliza el 20% del tiempo para proporcionar soluciones específicas que se adapten a sus necesidades. Esto no solo muestra que has entendido, sino que también mejora la calidad de tus recomendaciones.
3. **En una interacción social o personal:** Dedica la mayor parte del tiempo a escuchar cómo se siente la otra persona o lo que quiere compartir. Responde con empatía y haz preguntas que inviten a profundizar más en el tema. Esto demuestra que realmente te interesa la

conversación y que valoras lo que la otra persona tiene que decir.

Errores comunes al aplicar la regla del 80/20 y cómo evitarlos:

- **Hacer preguntas solo por cumplir:** No se trata de hacer preguntas automáticas o superficiales. Las preguntas deben ser relevantes y demostrar interés en lo que la otra persona está diciendo. Escucha activamente y pregunta cosas que realmente aporten a la conversación.
- **Usar el 20% para hablar de temas no relacionados:** Es importante que, cuando te toque hablar, tus intervenciones estén alineadas con lo que la otra persona ha compartido. Evita desviar la conversación hacia temas irrelevantes o que solo sean de tu interés.
- **No prestar atención al lenguaje corporal del otro:** Aunque estés escuchando, si tu lenguaje corporal muestra desinterés, la otra persona puede percibirlo como falta de atención. Asegúrate de mantener contacto visual, asentir y tener una postura abierta.

Capítulo 4: El arte de hablar fluido

"Hablar es una necesidad, escuchar es un arte."

— Johann Wolfgang von Goethe

Por qué debemos hablar de forma fluida

Hablar de forma fluida es una habilidad esencial para la comunicación efectiva y tiene un impacto significativo en la forma en que los demás perciben tu mensaje y a ti mismo como interlocutor. La fluidez al hablar no se trata simplemente de articular palabras con claridad, sino de mantener un ritmo constante, coherente y natural que facilite la comprensión y el flujo de la conversación. Cuando logras hablar de forma fluida, tu mensaje se transmite con mayor claridad, lo que mejora tu capacidad para influir, persuadir y conectar con los demás. Esta habilidad es fundamental en diferentes aspectos de la vida, como en el ámbito profesional, social y personal, ya que la comunicación fluida es clave para construir relaciones sólidas, transmitir ideas y alcanzar objetivos.

La importancia de hablar de forma fluida

Hablar de manera fluida permite que tu mensaje llegue al interlocutor de manera clara y sin interrupciones, evitando que se pierda el hilo de la conversación. Cuando el discurso es interrumpido por pausas prolongadas, muletillas o errores constantes, es más probable que la otra persona se distraiga o pierda el interés en lo que estás diciendo. La fluidez no solo facilita la transmisión del mensaje, sino que también refuerza la percepción de que eres una persona segura y confiable. Un habla fluida refleja un buen dominio del tema y transmite una imagen de competencia y preparación, lo cual es especialmente importante en situaciones profesionales, como entrevistas de trabajo, presentaciones o negociaciones.

En el ámbito social, la capacidad de hablar de forma fluida ayuda a crear una conexión más fuerte y auténtica con los demás. Cuando te comunicas de manera coherente y sin interrupciones constantes, los demás tienden a sentirse más cómodos y a abrirse más en la conversación. La fluidez crea un flujo natural en el diálogo, lo que hace que la interacción sea más dinámica y atractiva. Por otro lado, cuando el discurso es torpe o interrumpido, la conversación puede volverse incómoda o forzada, lo que puede afectar negativamente la calidad de la interacción.

Beneficios de hablar de forma fluida

- **Claridad y comprensión mejoradas:** La fluidez al hablar facilita que el mensaje sea claro y fácil de entender. Cuando te expresas de manera fluida, reduces la probabilidad de que se produzcan malentendidos y asegurarte de que los demás captan tu mensaje tal y como lo quieres transmitir.

- **Proyección de seguridad y confianza:** Las personas que hablan con fluidez tienden a ser percibidas como más seguras de sí mismas. La fluidez en el discurso demuestra un buen dominio del tema y una actitud relajada, lo que puede generar una impresión positiva en los demás.
- **Aumento de la persuasión y la influencia:** Cuando hablas de forma fluida, es más probable que los demás confíen en tu mensaje y lo consideren creíble. La fluidez refuerza tu capacidad para influir en las opiniones de los demás, ya que el mensaje se transmite de manera convincente.
- **Mejora de la interacción social:** Hablar de manera fluida facilita una conversación más natural y dinámica, lo que puede ayudar a crear una mejor conexión con las personas. La fluidez permite que la conversación fluya de manera continua, evitando los silencios incómodos o las interrupciones frecuentes.

Cómo la falta de fluidez afecta la comunicación

Cuando el habla no es fluida, el mensaje puede perder fuerza o claridad. Las pausas prolongadas, el uso excesivo de muletillas ("eh", "um", "este"), o la repetición constante de palabras, pueden hacer que la otra persona perciba que no estás seguro de lo que estás diciendo. Esto puede afectar negativamente la imagen que proyectas y, en algunos casos, incluso hacer que se dude de tu competencia o conocimiento sobre el tema en cuestión. Además, la falta de fluidez puede hacer que la conversación sea más difícil de seguir y que el interlocutor pierda interés o se distraiga.

La falta de fluidez también puede generar frustración tanto en el hablante como en el oyente. Para el hablante, la dificultad para expresar sus ideas con claridad puede llevar a una sensación de nerviosismo o inseguridad. Para el oyente, los constantes tropiezos en el discurso pueden hacer que sea difícil mantener la atención o comprender el mensaje. Por estas razones, es fundamental desarrollar la habilidad de hablar de manera fluida y trabajar en reducir los obstáculos que puedan interrumpir el flujo del discurso.

Identifica cuáles son tus dificultades:

Hablar muy despacio

Hablar muy despacio y hacer muchas pausas puede ser un obstáculo importante para la fluidez de la comunicación, lo que a menudo resulta en la pérdida de atención por parte del oyente o en que el mensaje se perciba como poco claro o desconectado. Las pausas excesivas interrumpen el flujo natural de la conversación, y si el ritmo del habla es demasiado lento, la persona que escucha puede volverse impaciente, distraerse o perder el interés en lo que estás diciendo. Aunque es positivo hablar de manera pausada para dar claridad, hacerlo de forma excesiva puede ser contraproducente y dar la impresión de que el hablante no está seguro de lo que quiere comunicar.

Existen diversas causas que pueden explicar por qué una persona tiende a hablar muy despacio o a hacer muchas pausas. Identificar estos factores es clave para desarrollar estrategias que permitan mejorar la fluidez en la comunicación.

Entre las principales causas se encuentran:

- **Inseguridad o falta de confianza en lo que se está diciendo:** Cuando una persona no está completamente segura de lo que va a decir, puede sentir la necesidad de

hablar más despacio para ganar tiempo, pensar mejor sus palabras o evitar cometer errores.
- **Falta de familiaridad con el tema:** Si el hablante no domina completamente el tema del que está hablando, es probable que haga muchas pausas mientras organiza sus ideas, lo que ralentiza el ritmo de la conversación.
- **Nerviosismo:** El nerviosismo puede llevar a una articulación más lenta del discurso, ya que la persona puede preocuparse por elegir las palabras correctas, lo que a su vez causa un ritmo más pausado o inseguro.
- **Hábito de pensar demasiado antes de hablar:** Algunas personas tienden a reflexionar en exceso sobre lo que van a decir, lo que genera muchas pausas mientras procesan mentalmente sus pensamientos antes de expresarlos.
- **Miedo al error o al juicio:** El temor a ser malinterpretado o a cometer un error puede llevar a que una persona hable lentamente y con muchas pausas, con la intención de asegurarse de que cada palabra es la correcta.
- **Falta de control en la respiración:** Hablar despacio y con muchas pausas también puede ser una señal de que el hablante no está respirando de manera adecuada, lo que interrumpe el flujo de la conversación.

No pronuncias bien las palabras

Cuando no pronuncias bien las palabras, la claridad de tu mensaje se ve afectada, lo que puede llevar a que los oyentes no comprendan con precisión lo que estás tratando de comunicar. La pronunciación incorrecta de las palabras puede afectar la efectividad de la comunicación en diversos contextos, desde conversaciones cotidianas hasta presentaciones formales, entrevistas o negociaciones. Es un problema que puede ser frustrante tanto para el hablante como para el oyente, ya que genera malentendidos, dudas o la necesidad de repetirse constantemente. Para superar esta dificultad, es importante comprender las causas subyacentes que pueden estar afectando la pronunciación y trabajar en estrategias específicas para mejorarla.

Las causas que pueden generar problemas en la pronunciación de las palabras son variadas. Identificar estos factores puede ayudarte a entender por qué te cuesta pronunciar ciertas palabras correctamente y a aplicar soluciones efectivas.

Las causas más comunes son:

- **Falta de conocimiento de la pronunciación correcta:** Es posible que desconozcas la forma correcta de pronunciar ciertas palabras, especialmente en un idioma extranjero o si usas un vocabulario poco familiar en tu lengua materna.
- **Problemas en la articulación de sonidos específicos:** Algunos sonidos son más difíciles de articular que otros, y pueden requerir una mayor coordinación de los músculos de la boca, lengua y labios. Esto es común en personas que tienen dificultades con fonemas específicos o con trastornos del habla, como la dislalia.
- **Ansiedad o nerviosismo al hablar:** La tensión o el miedo al hablar en público puede llevar a apresurarse y a no articular correctamente las palabras. La ansiedad puede provocar que la voz tiemble o que las palabras se "borren" y no se pronuncien de forma clara.
- **Hábitos adquiridos o descuidos en el habla diaria:** Hablar con rapidez, no mover adecuadamente los labios, o descuidar la dicción son hábitos que pueden afectar la pronunciación. Estos hábitos pueden volverse

automáticos y difíciles de corregir sin una práctica consciente.
- **Interferencia de un acento regional o extranjero:** Cuando se aprende un segundo idioma o se tiene un acento regional fuerte, la pronunciación puede verse afectada debido a la influencia de los sonidos propios de la lengua materna.
- **Dificultades físicas o problemas en los órganos articulatorios:** Problemas en la estructura o el funcionamiento de los órganos articulatorios (como la lengua, dientes o paladar) pueden dificultar la producción de ciertos sonidos.

No vocalizas bien y no se te entiende

No vocalizar bien y que no se te entienda claramente es una dificultad que puede afectar gravemente la comunicación, haciendo que los oyentes tengan que esforzarse para comprender el mensaje. Cuando la vocalización es deficiente, el discurso suena impreciso o "borroso", lo que puede llevar a malentendidos o a que el oyente pierda el interés o la paciencia. La falta de vocalización adecuada implica que no se están articulando correctamente los sonidos de las palabras, lo que reduce la efectividad de la comunicación en situaciones tanto formales como informales.

Esta dificultad puede surgir por varias razones, muchas de las cuales están relacionadas con hábitos al hablar, la falta de práctica o factores físicos que afectan los órganos articulatorios.

Entre las principales causas que generan problemas de vocalización se encuentran:

- **Hablar con la boca cerrada o no abrir suficientemente los labios:** Uno de los problemas más comunes es que la boca no se abre lo suficiente al hablar, lo que impide una articulación clara de los sonidos. Al no mover los labios y la lengua adecuadamente, las palabras no se proyectan con claridad.
- **Falta de control en la respiración:** Respirar de manera incorrecta puede influir en la capacidad de articular bien las palabras, ya que una respiración corta o entrecortada no proporciona el flujo de aire necesario para pronunciar los sonidos de manera clara.
- **Hablar demasiado rápido:** Cuando una persona habla rápido, tiende a no vocalizar correctamente las palabras, lo que genera una pronunciación imprecisa o la omisión de ciertos sonidos.
- **Tensión en los músculos de la mandíbula o la lengua:** La tensión en la boca y la lengua puede afectar la producción clara de los sonidos, haciendo que la vocalización sea deficiente. Esta tensión puede deberse a nerviosismo o a un mal hábito adquirido al hablar.
- **Falta de consciencia sobre la articulación:** Muchas personas no son conscientes de cómo se mueven sus labios, lengua y mandíbula mientras hablan, lo que lleva a una vocalización deficiente. El simple hecho de no prestar atención a la forma en que se producen los sonidos puede afectar la claridad del discurso.

Repites palabras

Repetir palabras durante una conversación es una dificultad que puede interrumpir el flujo natural del discurso y hacer que el hablante se perciba como inseguro o poco preparado. Este patrón de repetición no solo afecta la fluidez, sino que también puede causar que el oyente pierda interés o se confunda con el

mensaje que se está intentando transmitir. Cuando las palabras
o frases se repiten constantemente, el discurso pierde claridad y
fuerza, lo que puede desviar la atención del contenido principal
y hacer que la comunicación sea menos efectiva.

Existen diversas razones por las que las personas tienden a
repetir palabras de manera frecuente durante sus
conversaciones. Entre las principales causas que generan esta
dificultad se encuentran:

- **Nerviosismo o ansiedad al hablar:** Cuando una persona
  se siente ansiosa o nerviosa durante una conversación, es
  más probable que repita palabras sin darse cuenta. Esto
  ocurre porque el miedo a equivocarse o a no ser
  comprendido genera una necesidad de reforzar lo que se
  está diciendo.
- **Falta de organización de las ideas:** Si el hablante no tiene
  claro el mensaje que quiere comunicar, es más común que
  recurra a la repetición para ganar tiempo mientras
  organiza sus pensamientos. La falta de estructura en el
  discurso suele llevar a la repetición involuntaria de frases
  o palabras.
- **Miedo a los silencios:** Muchas personas temen los
  silencios en las conversaciones, por lo que tienden a
  repetir palabras para evitar que haya pausas
  prolongadas. Esta necesidad de rellenar el silencio puede
  hacer que el discurso pierda naturalidad y que se repitan
  ciertas expresiones de manera innecesaria.
- **Hábito adquirido por el uso diario:** Algunas personas
  desarrollan el hábito de repetir ciertas palabras como una
  especie de "muletilla" verbal. Con el tiempo, esta
  repetición se vuelve automática y ocurre sin que el
  hablante sea consciente de ello.

- **Falta de confianza en la precisión del lenguaje:** Cuando alguien no está seguro de que la audiencia entienda lo que ha dicho, puede tender a repetir palabras o frases para asegurarse de que su mensaje fue claro, aunque esto puede tener el efecto contrario.

Respiras mal

Respirar mal mientras hablas es una dificultad que puede afectar gravemente la calidad de tu discurso, generando interrupciones en el flujo de la conversación y afectando tanto la claridad como la proyección de la voz. La respiración adecuada es fundamental para mantener un ritmo fluido y constante al hablar, y cuando no se respira correctamente, el aire no es suficiente para pronunciar las palabras con claridad, lo que lleva a pausas innecesarias o a que la voz suene entrecortada. Además, respirar mal puede generar una sensación de nerviosismo y ansiedad, lo que agrava aún más el problema, creando un círculo vicioso en el que la persona se siente cada vez menos segura al hablar.

Hay varias causas que pueden estar detrás de una respiración deficiente al hablar, y muchas de ellas tienen que ver con hábitos adquiridos o con la falta de conciencia sobre la respiración adecuada.

Entre las principales causas se encuentran:

- **Respiración incorrecta:** Muchas personas respiran de manera superficial, utilizando solo la parte superior del pecho en lugar de emplear el diafragma, lo que limita la cantidad de aire disponible para hablar y obliga a hacer pausas constantes.
- **Falta de control de la respiración:** Algunos hablantes no tienen un buen control de la respiración, lo que los lleva a

quedarse sin aire a mitad de una oración o a hablar con
un tono entrecortado. Esto suele suceder cuando se habla
muy rápido o sin tomar respiraciones adecuadas entre
frases.
- **Ansiedad:** La ansiedad puede afectar la respiración de
forma significativa, provocando respiraciones cortas y
rápidas que no proporcionan suficiente aire para
mantener un discurso fluido. Esto genera tensión en el
cuerpo y afecta la forma en que se proyecta la voz.
- **Mala postura corporal:** La postura encorvada o cerrada
puede restringir el flujo de aire al diafragma, lo que
dificulta la respiración profunda y afecta la claridad del
habla. Una mala postura también puede comprimir los
pulmones, limitando su capacidad de expansión.
- **Falta de práctica en técnicas de respiración:** Muchas
personas no son conscientes de la importancia de la
respiración al hablar y no han desarrollado técnicas para
respirar de manera eficiente. La falta de práctica en el
control de la respiración puede hacer que se respire de
forma inadecuada, afectando la capacidad de hablar con
fluidez.

Hablas muy rápido

Hablar demasiado rápido es una dificultad que puede afectar la
efectividad de la comunicación, ya que cuando el ritmo del
habla es acelerado, el mensaje puede volverse confuso o difícil
de seguir para los oyentes. Las palabras tienden a fusionarse, los
sonidos se pierden y el interlocutor tiene que hacer un esfuerzo
adicional para comprender lo que se está diciendo. Además, al
hablar rápidamente, el hablante corre el riesgo de no articular
correctamente las palabras, lo que puede generar malentendidos
o hacer que la conversación sea menos clara y efectiva. Esta

rapidez también puede hacer que el discurso parezca ansioso o desorganizado, lo que afecta la percepción que los demás tienen del hablante.

Las causas de hablar muy rápido suelen estar relacionadas con una combinación de factores psicológicos y hábitos adquiridos, muchos de los cuales pueden ser modificados con la práctica consciente.

Algunas de las causas más comunes incluyen:

- **Nerviosismo o ansiedad:** Cuando una persona está nerviosa, es común que hable más rápido de lo normal. Esto puede ser una respuesta al estrés, donde el hablante siente la necesidad de decir lo que piensa antes de ser interrumpido o juzgado. La ansiedad genera una sensación de urgencia, lo que provoca un ritmo acelerado en la conversación.
- **Temor a perder la atención del interlocutor:** Algunas personas hablan rápido porque creen que, si no lo hacen, el oyente perderá interés en lo que están diciendo. Esta preocupación lleva a apresurarse para mantener la atención del público, lo que a menudo tiene el efecto contrario, ya que hablar demasiado rápido puede hacer que la audiencia se desconecte.
- **Falta de control en la respiración:** Hablar rápido a menudo está asociado con una respiración superficial o entrecortada. Cuando el flujo de aire no es constante, el hablante tiende a acelerar el ritmo para no quedarse sin aire, lo que afecta tanto la claridad como la fluidez del discurso.
- **Hábito de hablar rápido adquirido con el tiempo:** En algunos casos, hablar rápido se convierte en un hábito que se desarrolla desde temprana edad o como resultado del entorno social. Si la persona ha estado rodeada de

otros que también hablan rápidamente, es probable que adopte este estilo de comunicación.
- **Falta de práctica en la estructuración del discurso:** A veces, las personas que no organizan bien sus ideas antes de hablar tienden a apresurarse para decir todo lo que tienen en mente sin tomarse el tiempo necesario para explicar cada punto con claridad.

Para superar esta dificultad, es esencial trabajar en la desaceleración consciente del habla. Un método útil es practicar la lectura en voz alta, utilizando un cronómetro para asegurarte de que mantienes un ritmo moderado. Mientras lees, enfócate en articular cada palabra de manera clara y hacer pausas naturales entre las frases, lo que te permitirá entrenar tu cerebro para hablar más despacio en situaciones cotidianas. También es útil grabarte hablando sobre un tema determinado y luego escuchar la grabación para identificar el momento en el que tiendes a acelerar el ritmo.

Otra técnica efectiva es practicar la respiración diafragmática, que ayuda a mantener un flujo de aire constante y evita que el habla se acelere. Al aprender a respirar profundamente antes de hablar y controlar el ritmo de tu respiración durante la conversación, podrás hablar de manera más pausada y relajada, sin apresurarte. Esto también reducirá la tensión física asociada con el hablar rápido.

Es importante aceptar que hacer pausas en la conversación no es algo negativo, sino una parte natural del discurso. Las pausas no solo permiten al oyente procesar la información, sino que también dan al hablante tiempo para organizar sus pensamientos y evitar la aceleración innecesaria. Practicar la paciencia durante el habla, haciendo pausas entre las ideas, es un paso crucial para reducir la velocidad y mejorar la claridad del mensaje.

Usas muchas muletillas

Usar muchas muletillas es una dificultad común que puede afectar la fluidez y claridad del discurso, creando la impresión de que el hablante no está completamente seguro de lo que quiere decir o que está nervioso. Las muletillas, como "eh", "bueno", "este", "o sea" o "¿me entiendes?", son palabras o frases repetitivas que los hablantes utilizan para llenar vacíos mientras piensan o intentan encontrar la palabra adecuada. Aunque en conversaciones informales pueden pasar desapercibidas, su uso excesivo en contextos formales o presentaciones puede distraer a la audiencia y reducir el impacto del mensaje.

Las causas que generan el uso frecuente de muletillas suelen estar relacionadas con factores psicológicos y de hábito. Entre las principales causas que contribuyen a este problema se encuentran:

- **Nerviosismo o ansiedad al hablar:** Cuando una persona está ansiosa, puede recurrir a las muletillas como una manera de llenar los silencios mientras organiza sus pensamientos. Este comportamiento es una respuesta al estrés, ya que el hablante busca mantener el flujo de la conversación sin hacer pausas que puedan percibirse como vacilaciones.
- **Falta de preparación o claridad en las ideas:** Las muletillas también surgen cuando el hablante no tiene completamente claro lo que quiere decir o no ha estructurado bien su discurso. Al no saber cómo continuar, el uso de muletillas se convierte en una

herramienta para ganar tiempo mientras se piensa en la siguiente idea o palabra.

- **Hábito adquirido por el uso constante:** Con el tiempo, las muletillas se convierten en un recurso inconsciente del que el hablante depende para mantener la conversación. A medida que se repiten, se refuerza el hábito y es difícil eliminarlas sin una práctica consciente.
- **Miedo al silencio:** Algunas personas sienten que hacer pausas en la conversación puede ser interpretado como un signo de inseguridad o falta de conocimiento. Por esta razón, recurren a las muletillas para llenar esos silencios y evitar que la conversación pierda ritmo. Sin embargo, el exceso de muletillas puede tener el efecto contrario, distrayendo al oyente y restando coherencia al discurso.
- **Falta de confianza en el propio discurso:** Cuando una persona no está segura de que lo que dice es correcto o adecuado, tiende a usar muletillas para reforzar sus palabras o para ganar tiempo mientras revisa mentalmente su discurso.

Usas sonidos sin sentido cuando vocalizas las palabras

Usar sonidos sin sentido al vocalizar las palabras es una dificultad que puede interrumpir la fluidez de la comunicación y hacer que el mensaje se perciba como desorganizado o confuso. Estos sonidos, que suelen manifestarse como "uh", "eh", "um" o incluso pausas vacías prolongadas, son conocidos como muletillas vocales y son comúnmente utilizados para llenar los vacíos en el discurso cuando el hablante está pensando o buscando la palabra correcta. Si bien pueden pasar desapercibidos en una conversación informal, su uso excesivo en contextos más formales o en presentaciones puede dar la impresión de nerviosismo, falta de preparación o inseguridad, lo que afecta negativamente la percepción del hablante.

Las causas que generan el uso de estos sonidos sin sentido pueden estar relacionadas con varios factores, desde hábitos adquiridos hasta el manejo del estrés durante el habla. Entre las principales causas se encuentran:

- **Nerviosismo o ansiedad al hablar:** El miedo a los silencios puede llevar a que el hablante intente mantener el flujo de la conversación utilizando estos sonidos mientras busca la palabra adecuada.
- **Falta de preparación:** Cuando no se tiene claro lo que se quiere decir o cómo estructurar el discurso, es común recurrir a estos sonidos para ganar tiempo mientras se organizan las ideas. Esto puede ocurrir tanto en conversaciones espontáneas como en presentaciones donde el contenido no está completamente memorizado o internalizado.
- **Hábito adquirido por el uso constante:** Muchas personas desarrollan este patrón como parte de su forma de hablar sin darse cuenta. A lo largo del tiempo, el uso de estos sonidos se convierte en un recurso inconsciente que se emplea automáticamente cuando se busca pensar en lo que se va a decir.
- **Temor a los silencios o a las pausas:** Algunas personas sienten que los silencios en una conversación pueden ser percibidos como una falta de dominio del tema o como un signo de inseguridad. En un esfuerzo por evitar estas pausas, el hablante rellena esos espacios con sonidos que no tienen sentido, pero que le permiten mantener el control del diálogo.
- **Falta de confianza en el habla:** Cuando una persona duda de su capacidad para articular correctamente lo que quiere decir o teme cometer errores, es más probable que

utilice estos sonidos como una forma de sobrellevar la inseguridad, aunque esto a menudo tiene el efecto contrario.

Para superar esta dificultad, es importante primero tomar conciencia de cuán frecuentemente se utilizan estos sonidos sin sentido en las conversaciones cotidianas.

Utilizas frases a las que añades palabras sin haber terminado la idea principal.

Una de las dificultades más comunes al hablar es utilizar frases a las que añades palabras sin haber terminado la idea principal, lo que puede generar confusión y dificultar que el mensaje llegue de manera clara y ordenada. Este patrón de habla puede hacer que los oyentes pierdan el hilo de la conversación, ya que la estructura del discurso se vuelve enrevesada y desorganizada. En lugar de completar una idea y luego pasar a la siguiente, se comienzan nuevas frases o se añaden detalles adicionales sin cerrar el pensamiento original, lo que crea un discurso poco fluido y difícil de seguir.

Existen varias causas que pueden generar esta dificultad, y es importante entenderlas para poder corregirlas. Entre las principales causas se encuentran:

- **Falta de claridad en las ideas:** A menudo, esta dificultad surge porque el hablante no tiene completamente claro lo que quiere comunicar o cómo organizar sus pensamientos. Al no tener una estructura mental definida, se tiende a añadir información adicional antes de concluir la idea principal, lo que desordena el discurso.

- **Temor a los silencios:** Algunas personas temen dejar espacios en blanco o pausas en su discurso, por lo que comienzan a añadir información innecesaria sin haber completado la frase original. Este miedo al silencio lleva a entrelazar ideas de manera poco organizada, dificultando la coherencia del mensaje.
- **Hábito de sobreexplicar:** A veces, las personas sienten la necesidad de dar demasiados detalles o aclaraciones adicionales sin haber terminado el punto principal. Este hábito de sobreexplicar interrumpe el flujo natural del discurso y hace que las ideas principales se pierdan entre la información secundaria.
- **Falta de control en la estructura del discurso:** No tener un orden lógico para las ideas a veces hace que el hablante mezcle pensamientos o añada palabras que no son necesarias antes de haber concluido la frase. Esto es más común cuando no se ha practicado la estructuración clara del discurso.

Recuerda que trabajar en la confianza al hablar es clave para evitar esta dificultad. Cuando una persona se siente segura de lo que quiere decir, es menos probable que añada información innecesaria o que interrumpa su propio discurso antes de terminar una idea. Participar en ejercicios de improvisación o debates puede ayudar a desarrollar esta confianza, lo que resultará en una mayor claridad al hablar.

¿Cómo eliminar estas barreras para hablar con fluidez?

La importancia del dominio de un tema

Si hablas muy despacio, es probable que no tengas un dominio completo del tema que estás abordando. Esto ocurre porque, cuando no estás seguro de lo que quieres decir o no conoces bien el contenido, tu mente necesita más tiempo para procesar la información y formular las frases. Como resultado, el discurso se vuelve más lento y lleno de pausas, lo que afecta la fluidez de la conversación. Sentirte inseguro sobre un tema hace que te detengas frecuentemente para pensar en lo que vas a decir a continuación, lo que puede generar la impresión de que no estás completamente preparado o de que no tienes confianza en lo que estás comunicando.

Para eliminar esta barrera, es esencial que estudies a fondo el tema antes de una charla, presentación o conversación importante. Cuanto mejor conozcas el material, más fácil será articular tus ideas de manera clara y rápida, sin necesidad de hacer largas pausas o hablar con lentitud. Al dominar el contenido, no solo tendrás mayor confianza en lo que dices, sino que también serás capaz de responder preguntas o explicar detalles adicionales sin dudar.

Puedes eliminar esta barrera siguiendo estos pasos:

- **Dedica tiempo suficiente a estudiar el tema:** No basta con tener una idea general sobre lo que vas a hablar. Debes profundizar en el contenido, leer diferentes fuentes y asegurarte de entender los conceptos clave. Cuanta más información tengas sobre el tema, más preparado te sentirás para hablar con fluidez.
- **Organiza tus ideas antes de hablar:** Una vez que hayas estudiado el tema, organiza mentalmente o por escrito los puntos clave que quieres transmitir. Tener una estructura clara de lo que vas a decir te ayudará a evitar largas pausas mientras intentas recordar qué sigue. Esto te permitirá fluir mejor durante la conversación.

- **Practica en voz alta:** No basta con estudiar en silencio. Es fundamental que practiques hablar en voz alta sobre el tema. Puedes hacerlo solo, frente a un espejo, o grabarte para luego escucharte. Esta práctica te ayudará a identificar las partes en las que tiendes a detenerte o a hablar demasiado despacio, y podrás corregir esos momentos antes de la charla real.
- **Simula situaciones de conversación o presentación:** Practica simulando la situación real. Si es una presentación formal, puedes recrear el entorno y practicar frente a otras personas. Si es una conversación, intenta hablar con amigos o colegas sobre el tema. Esto te ayudará a familiarizarte con el proceso de hablar sobre el tema de manera fluida en diferentes contextos.
- **Refuerza tu conocimiento revisando los conceptos clave:** Incluso si crees que ya dominas el tema, repasa los conceptos más importantes antes de la charla. Esto te dará una sensación de seguridad adicional y te permitirá hablar con más rapidez y confianza.

¿Cómo mejorar la dicción?

Mejorar la dicción es un aspecto clave para eliminar las barreras que afectan tu fluidez al hablar. La dicción se refiere a la claridad y precisión con la que pronuncias las palabras, y es fundamental para asegurarte de que los demás comprendan tu mensaje sin esfuerzo. Cuando no tienes una buena dicción, las palabras pueden sonar poco claras o "borrosas", lo que dificulta la comunicación efectiva. Al mejorar tu dicción, no solo lograrás que tu mensaje sea más comprensible, sino que también proyectarás mayor confianza y seguridad en tus habilidades de comunicación.

Uno de los primeros pasos para mejorar la dicción es ser consciente de cómo pronuncias las palabras y prestar atención a los sonidos que a menudo se te dificultan. Es común que algunas consonantes o vocales se pronuncien mal o se omitan por completo, especialmente cuando hablas rápido o cuando no eres consciente de la forma en que articulas los sonidos. Trabajar en la articulación de cada palabra te permitirá tener un discurso más claro y fluido.

Para mejorar la dicción y eliminar esta barrera que afecta tu fluidez, puedes aplicar las siguientes técnicas:

- **Practica ejercicios de vocalización diariamente:** Dedica unos minutos cada día a realizar ejercicios de vocalización, como pronunciar vocales de forma exagerada ("a", "e", "i", "o", "u") y practicar palabras con sonidos complicados. Esto te ayudará a fortalecer los músculos faciales y a mejorar la claridad de tus palabras.
- **Utiliza un lápiz entre los dientes mientras hablas:** Coloca un lápiz horizontalmente entre tus dientes y practica la lectura en voz alta. Este ejercicio te obliga a esforzarte más en la articulación de las palabras, lo que mejora la pronunciación una vez que quitas el lápiz.
- **Haz ejercicios de lectura en voz alta:** Leer en voz alta es una excelente manera de mejorar tu dicción. Elige un texto y concéntrate en pronunciar cada palabra de manera clara y precisa. Si encuentras palabras difíciles, repítelas varias veces hasta que las sientas naturales.
- **Graba tu discurso y escúchate:** Una buena manera de detectar problemas de dicción es grabarte mientras hablas y luego escuchar la grabación. Al hacer esto, podrás identificar las palabras que no se entienden bien o los sonidos que tiendes a omitir, y podrás trabajar en corregirlos.
- **Articula lentamente para ganar control:** Si hablas demasiado rápido, es fácil que la dicción se vea afectada.

Practica hablar más lentamente al principio para asegurarte de que estás pronunciando cada palabra correctamente. Con el tiempo, podrás aumentar la velocidad sin perder claridad en la articulación.

- **Realiza ejercicios de respiración para mejorar la proyección de la voz:** La respiración adecuada es clave para mantener un buen control sobre la voz y la dicción. Practica la respiración diafragmática, que te permite proyectar tu voz de manera constante y sin esfuerzo. Esto también ayudará a que las palabras se escuchen con mayor claridad.

- **Trabaja con trabalenguas:** Los trabalenguas son una excelente herramienta para mejorar la dicción. Al practicar trabalenguas, te entrenas para articular correctamente los sonidos complicados y mejorar la agilidad de tu lengua y labios.

Con la práctica constante de estos ejercicios, comenzarás a notar mejoras en tu dicción, lo que te permitirá hablar de manera más clara y fluida. Además de facilitar que los demás te entiendan, una mejor dicción te ayudará a proyectar una imagen de mayor confianza y profesionalismo en tus interacciones diarias. La clave para mejorar es la práctica regular y la atención consciente de cómo articulas las palabras en cada conversación.

Toma conciencia de lo que dices y mantén la calma.

Para hablar con fluidez, es fundamental que tomes conciencia de lo que dices y mantengas la calma durante la conversación. Muchas veces, la falta de fluidez proviene de la ansiedad o el nerviosismo, lo que hace que hables demasiado rápido, te saltes ideas importantes o uses palabras de relleno sin darte cuenta. Cuando no estás realmente enfocado en lo que estás diciendo, pierdes el control sobre el ritmo y la claridad de tu discurso.

Mantener la calma te permite pensar con claridad, procesar mejor tus ideas y expresarlas de manera más coherente y organizada.

Para eliminar esta barrera, es crucial que desarrolles una mayor conciencia sobre lo que estás comunicando en cada momento. Esto implica prestar atención tanto al contenido de tu mensaje como a la forma en que lo transmites. Al hacerlo, puedes evitar que el nerviosismo te domine y, en su lugar, hablar de manera tranquila y fluida, sin apresurarte o perder el hilo de lo que quieres decir.

Puedes eliminar esta barrera mediante las siguientes acciones:

- **Haz pausas conscientes mientras hablas:** En lugar de tratar de llenar cada segundo de silencio, aprovecha las pausas breves para pensar antes de continuar hablando. Estas pausas te darán tiempo para organizar tus ideas y te ayudarán a evitar errores o repeticiones innecesarias.
- **Controla tu respiración:** La respiración juega un papel crucial en la forma en que hablas. Si respiras de manera superficial o rápida debido al nerviosismo, es más probable que pierdas el control del ritmo. Practica la respiración profunda y diafragmática, que te ayudará a mantenerte relajado y a hablar con más calma y fluidez.
- **Escucha mientras hablas:** Muchas veces, al estar enfocados en lo que viene a continuación, no escuchamos lo que estamos diciendo en ese momento. Escuchar tus propias palabras mientras hablas te ayudará a estar más presente y consciente de lo que estás diciendo, lo que reduce la probabilidad de hablar rápido o cometer errores.
- **Reduce la velocidad de tu habla:** Hablar lentamente no significa que tengas que detenerte por completo, sino que

puedes darte espacio para articular bien las palabras y procesar mejor tus ideas. Practicar hablar a un ritmo moderado te permitirá mantener el control de la conversación y proyectar más seguridad.

- **Enfrenta el nerviosismo con técnicas de relajación:** Antes de hablar, ya sea en una presentación o en una conversación importante, utiliza técnicas de relajación, como respiración profunda o meditación, para calmar la mente. Mantener la calma desde el principio es clave para asegurar que hables con confianza y fluidez.

Al aplicar estas estrategias, te sentirás más en control de tu discurso y eliminarás una de las barreras más comunes para hablar con fluidez. Tomar conciencia de lo que dices y mantener la calma te permitirá comunicarte de manera más efectiva, evitando los tropiezos y las interrupciones que surgen cuando te dejas llevar por la ansiedad.

Utiliza frases breves y no utilices frases nuevas sin terminar una idea.

Una de las barreras más comunes para hablar con fluidez es el uso de frases largas y complejas, lo que puede llevar a perder el hilo de la conversación o a confundir al oyente. Cuando intentas abarcar demasiadas ideas en una sola oración, es más fácil que olvides lo que ibas a decir o que tu mensaje se vuelva confuso. Para hablar con mayor claridad y mantener la fluidez, es fundamental utilizar frases breves y asegurarte de completar una idea antes de pasar a la siguiente. Esto no solo te ayudará a mantener un discurso organizado, sino que también hará que tu mensaje sea más comprensible para quienes te escuchan.

El uso de frases breves te permite organizar mejor tus pensamientos y evitar caer en largas divagaciones que pueden hacer que pierdas el control de lo que estás diciendo. Además, al mantener las ideas claras y concisas, puedes asegurarte de que el oyente sigue tu discurso sin dificultad. Si intentas introducir nuevas ideas sin haber terminado las anteriores, corres el riesgo de crear confusión y de que la conversación pierda coherencia. Aprender a estructurar tu discurso de manera más sencilla es clave para lograr una comunicación efectiva y fluida.

Puedes eliminar esta barrera a través de los siguientes pasos:

- **Divida tus ideas en bloques claros y separados:** En lugar de intentar decir todo de una sola vez, piensa en cada idea como una pieza separada que debe ser completada antes de pasar a la siguiente. Al hacer esto, evitas mezclar ideas y puedes enfocarte en transmitir cada punto de manera clara.
- **Haz una pausa entre cada idea:** Después de expresar una idea, haz una pequeña pausa. Esto te permitirá asegurarte de que has terminado el pensamiento antes de pasar al siguiente. Las pausas también le dan al oyente tiempo para procesar lo que has dicho.
- **Practica con oraciones simples:** Al practicar hablar en frases más breves, te darás cuenta de que tu discurso se vuelve más fluido y fácil de seguir. Comienza con oraciones simples, evitando frases largas que incluyan demasiadas ideas o detalles innecesarios.
- **Organiza tu discurso antes de hablar:** Antes de iniciar una conversación importante o una presentación, organiza mentalmente las ideas que quieres comunicar. Tener una estructura clara te ayudará a seguir un orden lógico, lo que evitará que introduzcas frases nuevas sin haber completado las anteriores.
- **Usa conectores para finalizar una idea antes de pasar a otra:** Los conectores como "además", "por lo tanto", "en

resumen" te ayudarán a cerrar una idea antes de empezar una nueva. Estos conectores dan una señal clara de que una idea ha concluido y que estás avanzando a otra parte de tu discurso.

- **Evita la tentación de sobreexplicar:** A veces, el deseo de agregar más detalles o aclaraciones puede hacer que te extiendas innecesariamente en una idea. Intenta ser conciso y confiar en que el mensaje principal es suficiente sin necesidad de añadir explicaciones adicionales.

Al aplicar estas estrategias, lograrás evitar las frases largas y confusas que entorpecen la fluidez de tu discurso. Utilizar frases breves y completar cada idea antes de avanzar te permitirá mantener una conversación clara y ordenada, lo que mejorará tanto la calidad de tu comunicación como la forma en que los demás perciben tu capacidad para expresarte.

Rellenar silencios con palabras repetidas

Repetir palabras durante una conversación es una señal clara de que intentas llenar los silencios, lo cual puede interrumpir el flujo natural del discurso y dar la impresión de nerviosismo o falta de preparación. Este hábito, que se desarrolla muchas veces de forma inconsciente, surge cuando sientes que necesitas mantener el ritmo de la conversación, pero no tienes una idea clara o una palabra adecuada para continuar. Sin embargo, estas repeticiones pueden distraer al oyente, hacer que tu mensaje pierda fuerza y afectar la fluidez con la que te expresas. Para evitar caer en este patrón, es esencial que te permitas hacer pausas conscientes en lugar de recurrir a la repetición.

Tomarte un momento para pensar antes de hablar es clave para reducir las repeticiones. Al pensar con más claridad en lo que quieres decir, puedes evitar llenar los vacíos de la conversación con palabras repetitivas. Además, aprender a estar cómodo con el silencio es una herramienta poderosa. No es necesario llenar cada pausa con palabras; los silencios breves permiten a los demás procesar lo que has dicho y, al mismo tiempo, te brindan la oportunidad de organizar tus ideas. Mantener el control sobre tu discurso implica ser consciente de cuándo estás repitiendo y detenerte antes de que esto ocurra.

Para eliminar esta barrera y hablar con mayor fluidez, puedes seguir estos pasos:

- **Acepta el silencio como parte de la conversación:** En lugar de sentir la necesidad de rellenar cada espacio en blanco con palabras repetidas, reconoce que los silencios cortos son normales y útiles. Permítete pausar para reflexionar, en lugar de apresurarte a hablar solo para evitar el silencio.
- **Piensa antes de hablar:** Antes de empezar a hablar, toma un momento para organizar tus pensamientos. Esto te ayudará a evitar la tentación de repetir palabras mientras intentas formular la siguiente idea. Un discurso más pensado reduce la necesidad de improvisar repeticiones.
- **Habla de manera consciente y pausada:** Si hablas a un ritmo moderado, tendrás más tiempo para pensar en lo que vas a decir y menos probabilidades de caer en el hábito de repetir palabras. La fluidez no se trata de hablar rápido, sino de mantener un ritmo constante y claro.
- **Grábate hablando y escucha las repeticiones:** Una excelente manera de identificar cuándo y por qué repites palabras es grabarte y luego escuchar la grabación. Al ser consciente de estos patrones, puedes trabajar activamente para eliminarlos en futuras conversaciones.

- **Practica con ejercicios de improvisación:** Participar en ejercicios de improvisación te ayudará a pensar rápidamente y a estructurar tu discurso sin depender de las repeticiones. Con el tiempo, esta práctica te permitirá evitar el uso de palabras repetitivas incluso en situaciones de estrés o presión.
- **Desarrolla confianza en lo que dices:** A menudo, las repeticiones surgen por inseguridad o por la necesidad de reafirmar tus palabras. Trabajar en tu confianza al hablar, ya sea mediante la preparación o la práctica, te permitirá expresar tus ideas de manera más segura y sin recurrir a la repetición constante.

Identifica tus muletillas, detéctalas en privado y elimínalas poco a poco.

Las muletillas son palabras o frases que se utilizan de manera repetitiva y sin un propósito real en el discurso. Estas palabras, aunque comunes en conversaciones informales, pueden afectar la fluidez de tu discurso, especialmente en situaciones más formales o profesionales. El uso excesivo de muletillas puede hacer que parezca que no estás seguro de lo que dices o que estás buscando tiempo para pensar. Por eso, es importante que, para mejorar la fluidez, identifiques tus muletillas y trabajes en eliminarlas poco a poco.

El primer paso para superar esta barrera es ser consciente de las muletillas que utilizas con más frecuencia. Muchas veces, estas palabras se integran de manera automática en el discurso, por lo que es posible que no te des cuenta de que las usas. Detectarlas es esencial para poder comenzar a corregirlas. Esto se puede hacer en privado, prestando atención a cómo hablas en situaciones cotidianas o grabando conversaciones y luego escuchándolas para identificar cuándo y cómo usas esas muletillas.

Una vez que identificas las muletillas, el siguiente paso es eliminarlas gradualmente. No se trata de eliminarlas todas de una vez, ya que esto puede ser difícil, sino de ir reduciendo su uso de forma consciente. Con cada conversación que tengas, intenta evitar repetir esas palabras innecesarias, y con el tiempo, te darás cuenta de que puedes hablar con más fluidez y confianza sin depender de ellas.

Para eliminar esta barrera y mejorar tu fluidez, puedes aplicar las siguientes estrategias:

- **Grábate y escucha tu discurso:** Una de las mejores maneras de identificar tus muletillas es grabar tus conversaciones o presentaciones y luego escucharlas con atención. Anota las palabras o frases que repites constantemente y analiza en qué momentos tiendes a usarlas.
- **Haz pausas en lugar de usar muletillas:** En lugar de llenar los espacios en blanco con palabras de relleno, permite que haya pausas naturales en tu discurso. Las pausas breves te ayudarán a organizar tus pensamientos sin necesidad de recurrir a muletillas. Además, dan a los oyentes tiempo para procesar lo que has dicho.
- **Sé consciente mientras hablas:** La clave para eliminar las muletillas es estar consciente de lo que estás diciendo en todo momento. Si prestas atención a tu propio discurso, podrás detectar cuando una muletilla está por salir y detenerte antes de decirla.
- **Sustituye las muletillas por palabras o frases más útiles:** En lugar de utilizar una muletilla, intenta utilizar conectores o frases que añadan valor al discurso. Por

ejemplo, en lugar de decir "bueno", puedes usar "además" o "por lo tanto", que le darán más coherencia a tu discurso.

- **Practica con ejercicios de improvisación:** Participar en ejercicios de improvisación es una excelente manera de entrenarte para hablar sin depender de las muletillas. Estos ejercicios te obligan a pensar rápido y a organizar tus ideas en tiempo real, lo que te ayudará a reducir el uso de palabras de relleno.
- **Tómate tu tiempo para hablar:** A menudo, las muletillas aparecen cuando sientes que necesitas hablar rápido o cuando tienes miedo de hacer pausas. Tomarte el tiempo necesario para articular tus ideas y hablar con calma te ayudará a reducir la necesidad de usar muletillas.

Eliminar las muletillas de tu discurso es un proceso gradual que requiere práctica y conciencia. Al identificar estas palabras y trabajar en su eliminación poco a poco, notarás una mejora en tu capacidad para hablar con más fluidez y claridad.

Capítulo 5: Maestría para ganar una discusión en cualquier tema

"La mejor victoria es aquella en la que todos ganan."

— Sun Tzu

¿Cómo identificar el momento oportuno para iniciar una conversación?

Identificar el momento oportuno para una conversación es crucial para aumentar las probabilidades de éxito en una discusión, ya sea en un contexto personal o profesional. Hablar en el momento equivocado puede provocar que el mensaje no sea recibido adecuadamente, que las emociones interfieran en la conversación, o que el interlocutor no esté receptivo. Para poder ganar una discusión o, al menos, llevarla de forma efectiva, es fundamental elegir cuidadosamente cuándo iniciar esa conversación, considerando tanto el estado emocional como la disposición del otro.

Diversos estudios científicos han demostrado que el momento y el contexto en el que se produce una conversación influyen significativamente en su resultado. Uno de los estudios más relevantes en este campo fue llevado a cabo por la Universidad de Harvard, donde los investigadores John A. Bargh y Tanya L. Chartrand analizaron cómo las condiciones psicológicas y ambientales afectan la receptividad y el éxito de una discusión. Descubrieron que las personas tienden a ser más receptivas y abiertas a la persuasión cuando se sienten emocionalmente equilibradas y cuando el contexto no está cargado de tensiones o distracciones.

Además, los hallazgos de un estudio dirigido por Richard E. Petty, un experto en psicología social de la Universidad Estatal de Ohio, revelaron que las personas están más dispuestas a considerar diferentes puntos de vista cuando están en un estado mental relajado y no están bajo presión emocional o estrés. Esto indica que, si deseas tener éxito en una discusión, es importante esperar a que el interlocutor no esté abrumado por emociones fuertes o en un estado de estrés, ya que en esas circunstancias es más probable que rechacen cualquier argumento, por bueno que sea.

Para identificar el momento oportuno para una conversación o discusión, puedes seguir las siguientes estrategias:

- **Evalúa el estado emocional del interlocutor:** Si la otra persona está enfadada, estresada o distraída, es probable que no esté en un estado mental adecuado para discutir o considerar nuevos puntos de vista. Espera a que esté más calmada y abierta a la conversación. Un estudio realizado por la Universidad de California en Berkeley reveló que las emociones intensas interfieren con la capacidad de las personas para procesar nueva información de manera objetiva.
- **Escoge un entorno adecuado:** El lugar donde se lleva a cabo la conversación también influye en su éxito. Si el ambiente es ruidoso, estresante o incómodo, es probable que la conversación no fluya de manera óptima. Procura

elegir un entorno tranquilo y propicio para el diálogo. Esto no solo reduce distracciones, sino que también facilita que ambas partes se concentren en el tema de la discusión.

- **Considera el tiempo y la energía:** Es fundamental que la otra persona no esté fatigada o apurada cuando inicies la conversación. Según un estudio de la Universidad de Princeton, la fatiga cognitiva reduce la capacidad de las personas para procesar argumentos complejos y mantener una discusión razonada. Por lo tanto, es ideal iniciar la conversación cuando ambas partes tengan tiempo y energía para dedicarse a ella sin prisas.

- **Observa señales no verbales:** El lenguaje corporal puede darte pistas importantes sobre si es el momento adecuado para iniciar una conversación. Si notas que la otra persona está cerrada (brazos cruzados, mirada esquiva), es mejor esperar. En cambio, si está relajada, haciendo contacto visual y manteniendo una postura abierta, es más probable que esté dispuesta a dialogar.

- **Elige un momento de apertura emocional:** Los estudios de psicología indican que las personas son más receptivas a nuevas ideas cuando están emocionalmente equilibradas y en un estado mental positivo. Si notas que la otra persona está en un buen estado de ánimo, es probable que esté más dispuesta a escuchar y considerar tu punto de vista, lo que aumentará tus posibilidades de ganar la discusión.

- **Evita los momentos de tensión previos:** Si acabas de tener un desacuerdo o si la otra persona ha pasado por una situación emocionalmente difícil, como un día estresante en el trabajo, es mejor posponer la conversación. Según un estudio de la Universidad de Yale, las discusiones iniciadas en medio de un estado emocional negativo tienden a ser más conflictivas y menos productivas.

Identificar el momento oportuno para una conversación es, en gran medida, un arte que requiere atención a las señales emocionales y contextuales. La investigación científica respalda la idea de que la receptividad del interlocutor depende del estado emocional, el entorno y el nivel de energía mental, lo que significa que elegir el momento adecuado puede marcar la diferencia entre una discusión productiva y una conversación infructuosa. A través de la observación y la paciencia, puedes aprender a discernir cuándo es más probable que tu punto de vista sea escuchado y considerado, mejorando significativamente tus probabilidades de ganar cualquier discusión.

¿Cómo evitar los malos entendidos?

Los malentendidos no solo generan frustración y tensión, sino que también pueden desviar una conversación o discusión, impidiendo que las partes involucradas lleguen a un acuerdo o resolución. La buena noticia es que existen diversas estrategias basadas en estudios científicos que pueden ayudarte a minimizar los malentendidos y mejorar tus habilidades para ganar una discusión.

Los malentendidos a menudo surgen no solo por lo que se dice, sino por cómo se dice. Un tono incorrecto o un lenguaje corporal inconsistente con las palabras puede llevar a confusión y a la percepción de un mensaje distinto al que se pretendía comunicar.

Por otro lado, un estudio realizado por el Dr. Nicholas Epley, de la Universidad de Chicago, revela que las personas a menudo sobreestiman su capacidad para ser entendidas correctamente. En su investigación, descubrió que los hablantes tienden a

asumir que el oyente comparte su perspectiva o contexto, lo que
a menudo no es el caso. Esto lleva a malentendidos porque el
hablante no se detiene a aclarar términos o ideas, creyendo que
el oyente ya entiende la referencia o el contexto, lo que no
siempre ocurre.

Para evitar los malentendidos en una discusión y lograr una
comunicación más clara y precisa, puedes aplicar las siguientes
estrategias:

- **Sé claro y directo en tus palabras:** Evita dar por sentado
que el interlocutor comprende todo lo que dices. Es
fundamental explicar de manera clara y concisa tus
puntos, especialmente cuando tratas temas complejos. Si
bien no debes sobreexplicar, es importante asegurarte de
que tus ideas se expresen de forma que no den lugar a
interpretaciones erróneas.
- **Reformula o repite puntos clave:** Durante la
conversación, puedes reformular tus ideas principales
para verificar que se han entendido correctamente. Esto
no significa repetir de manera literal, sino expresar la
misma idea con otras palabras para asegurarte de que el
mensaje ha sido captado como tú lo pretendías. Según el
estudio de Epley, esta técnica ayuda a reducir las malas
interpretaciones.
- **Pregunta para confirmar la comprensión del otro:** No
basta con asumir que el otro ha entendido lo que has
dicho. Haz preguntas como "¿Me he explicado bien?" o
"¿Cómo ves lo que te acabo de decir?" para asegurarte de
que ambos están en la misma página. Este paso proactivo
puede deshacer muchos malentendidos antes de que
escalen en la conversación.
- **Presta atención a los detalles no verbales:** Como
demostró Mehrabian en su investigación, el lenguaje

corporal y el tono de voz son componentes cruciales de la comunicación. Asegúrate de que tu lenguaje corporal esté alineado con el mensaje que intentas transmitir. Mantén el contacto visual, utiliza un tono de voz adecuado y evita gestos que puedan sugerir agresión o desinterés.

- **Evita la ambigüedad:** La ambigüedad en las palabras o frases puede ser una de las principales causas de malentendidos. Si usas términos vagos o que pueden tener múltiples significados, asegúrate de aclararlos. En una discusión, es fácil que los detalles ambiguos se interpreten de manera diferente a lo que esperas.
- **Recoge retroalimentación durante la conversación:** Otra técnica útil es solicitar retroalimentación continua a lo largo de la discusión. Pregunta si algo no ha quedado claro o si la otra persona necesita más detalles. Esto no solo muestra que te importa la claridad de la conversación, sino que también te permite corregir posibles malentendidos en tiempo real.
- **Adapta tu mensaje al contexto del oyente:** Cada persona tiene su propio marco de referencia basado en sus experiencias, creencias y conocimientos. Antes de suponer que el otro entiende algo tal como tú lo haces, piensa si es necesario ajustar tu mensaje para adaptarlo a su nivel de comprensión o experiencia. El estudio de Epley resalta que muchos malentendidos surgen precisamente porque el hablante no considera las diferencias de contexto entre él y el oyente.

Evitar malentendidos no solo mejora la calidad de la conversación, sino que también te da una ventaja estratégica al asegurar que tu mensaje se entienda claramente desde el principio. Al ser consciente de los factores no verbales, aclarar los puntos clave y verificar la comprensión mutua, puedes mantener el control de la conversación y asegurarte de que no haya desvíos innecesarios causados por la confusión.

Analiza tu tono de voz y las palabras que usas

El tono de voz y las palabras que utilizas son herramientas fundamentales para ganar una discusión en cualquier tema. No se trata solo de lo que dices, sino de cómo lo dices. El tono de voz puede cambiar completamente el significado de un mensaje, mientras que la elección adecuada de las palabras puede hacer que tu argumento sea más persuasivo y difícil de refutar. Cuando eres consciente de cómo estas dos herramientas influyen en la comunicación, tienes una ventaja importante a la hora de mantener una conversación o discusión efectiva.

Diversos estudios han demostrado que el tono de voz tiene un impacto significativo en la manera en que se perciben los mensajes. Recuerda que según Albert Mehrabian, profesor de psicología de la Universidad de California, el 38% de la impresión que una persona genera en los demás proviene del tono de voz que usa. Esto significa que una palabra dicha con un tono agresivo puede percibirse de manera muy diferente que dicha con calma o amabilidad. El tono puede transmitir emociones como autoridad, empatía, inseguridad o frustración, y en una discusión, esto influye en cómo tu interlocutor reacciona a tus palabras.

Además, la elección cuidadosa de las palabras también es crucial. El uso de palabras precisas y claras facilita la comprensión y evita malentendidos. Elegir las palabras adecuadas no solo fortalece tus argumentos, sino que también reduce la posibilidad de que la otra persona interprete mal lo que estás diciendo. Las palabras imprecisas o vagas tienden a debilitar tu postura, mientras que los términos claros y directos refuerzan la confianza en tu discurso.

Para ganar una discusión, es vital analizar y ajustar tanto tu tono de voz como las palabras que usas. Aquí te ofrezco algunas estrategias para hacerlo de manera efectiva:

- **Controla tu tono de voz:** Es importante que adaptes tu tono al contexto de la discusión. Un tono calmado y sereno es ideal para demostrar autocontrol y confianza, mientras que un tono agresivo o elevado puede hacer que tu interlocutor se ponga a la defensiva. Mantén un tono neutro si la situación lo requiere, pero si quieres enfatizar una idea importante, puedes modular tu voz para generar impacto, pero sin sonar intimidante.
- **Usa un tono empático cuando sea necesario:** Si la discusión trata un tema delicado o personal, es fundamental que muestres empatía a través de tu tono de voz. La empatía hace que la otra persona se sienta comprendida y reduce las tensiones. Esto no significa ser condescendiente, sino ajustar el tono para demostrar que te importa lo que está diciendo tu interlocutor.
- **Evita el tono pasivo o inseguro:** Un tono de voz que suena inseguro o dubitativo puede debilitar incluso los mejores argumentos. Es importante que, independientemente de lo que estés diciendo, uses un tono que proyecte confianza y claridad. Hablar con firmeza, sin vacilaciones, te ayudará a transmitir autoridad en la discusión.
- **Cuida la elección de tus palabras:** Evita el uso de palabras extremas o absolutistas como "siempre" o "nunca", que tienden a ser refutables y pueden llevar a una confrontación innecesaria. En su lugar, utiliza términos más precisos como "en muchas ocasiones" o

"frecuentemente", que permiten mayor flexibilidad en la conversación y muestran apertura al diálogo.

- **Sé consciente del impacto emocional de las palabras:** Algunas palabras tienen una carga emocional fuerte que puede influir negativamente en una discusión. Palabras con connotaciones agresivas o negativas pueden intensificar los conflictos. En lugar de eso, opta por palabras neutrales o positivas que fomenten una discusión más constructiva. Por ejemplo, en lugar de decir "esto está mal", puedes decir "podríamos mejorar esto de otra manera".

- **Modera el ritmo de tu habla:** Hablar demasiado rápido puede dar la impresión de nerviosismo o ansiedad, lo que afecta tu credibilidad. Un ritmo moderado no solo facilita la comprensión, sino que también te permite pensar en lo que vas a decir a continuación, ayudándote a evitar errores o malentendidos.

- **Escoge tus palabras con cuidado para evitar ambigüedades:** Las palabras vagas o ambiguas pueden ser interpretadas de diversas maneras, lo que lleva a malentendidos o a que tu interlocutor tergiverse lo que estás diciendo. Utiliza palabras claras y precisas que no dejen espacio para interpretaciones erróneas.

- **Usa palabras que refuercen tu autoridad sin ser impositivas:** Es importante que muestres conocimiento del tema, pero evita sonar prepotente o impositivo. Puedes utilizar frases como "en mi experiencia" o "según los estudios", que respaldan tus argumentos sin forzar tu punto de vista sobre la otra persona.

El análisis y el ajuste tanto del tono de voz como de las palabras que empleas te permitirán mantener el control de la discusión, evitar malentendidos y aumentar tus posibilidades de éxito en cualquier tema. Estos elementos son claves para persuadir de manera efectiva, sin caer en la agresividad o la confrontación directa. Cuando eres consciente de la manera en que comunicas tus ideas, puedes generar un impacto positivo en tu interlocutor, asegurándote de que tus argumentos sean comprendidos y, lo más importante, respetados.

Observa si dejas hablar a los demás y los escuchas

En una discusión, ganar no siempre significa imponerse o hacer que la otra persona acepte tus argumentos de inmediato. A menudo, una parte crucial de ganar una discusión consiste en demostrar que eres capaz de escuchar y permitir que la otra persona exprese su punto de vista. Escuchar atentamente y dejar que el otro hable es fundamental para generar un ambiente de respeto y comprensión mutua, lo que no solo fortalece tu posición en la discusión, sino que también aumenta la posibilidad de persuadir al otro. Además, cuando escuchas activamente, puedes obtener información valiosa que te ayudará a construir un argumento más sólido.

Uno de los problemas más comunes en las discusiones es la tendencia a interrumpir o apresurarse en responder, lo que impide que la otra persona sienta que su opinión es valorada. Cuando una persona siente que es escuchada de manera empática y sin interrupciones, tiende a ser más receptiva y abierta a aceptar otros puntos de vista. Por ende, la escucha activa no solo reduce el conflicto, sino que también aumenta la confianza y el entendimiento en las interacciones, lo que es clave en cualquier discusión.

Cuando no permites que la otra persona hable o no la escuchas con atención, creas una barrera emocional que impide que el diálogo avance de manera constructiva. Las interrupciones constantes pueden hacer que el otro se ponga a la defensiva o que sienta que sus opiniones no son respetadas. Esto no solo dificulta que la discusión avance, sino que también reduce tus posibilidades de persuadir a la otra persona. En cambio, cuando escuchas, te das la oportunidad de comprender mejor su perspectiva, lo que puede enriquecer tus argumentos y ayudarte a encontrar puntos de consenso.

Para asegurarte de que permites a los demás hablar y los escuchas activamente, puedes aplicar las siguientes estrategias:

- **Evita interrumpir:** Uno de los errores más comunes en las discusiones es interrumpir a la otra persona antes de que haya terminado de hablar. Aunque puede ser tentador intervenir para refutar un punto o aclarar algo, es crucial que dejes que la otra persona complete su idea antes de responder. Esto no solo muestra respeto, sino que te permite comprender todo su argumento antes de formular una respuesta.
- **Haz contacto visual y utiliza señales no verbales:** Mostrar que estás prestando atención es tan importante como realmente escuchar. Mantén contacto visual, asiente con la cabeza y utiliza gestos que demuestren que estás comprometido con lo que la otra persona está diciendo. Estas señales no verbales refuerzan la sensación de que estás abierto a escuchar su punto de vista.
- **Parafrasea lo que ha dicho la otra persona:** Una excelente técnica para demostrar que estás escuchando es parafrasear o resumir brevemente lo que la otra persona ha dicho. Puedes usar frases como "Si entiendo bien, lo que dices es que..." o "Entonces, lo que sugieres es...". Esto no solo demuestra que has estado prestando atención, sino que también te ayuda a confirmar que has comprendido correctamente su mensaje.

- **Haz preguntas abiertas para invitar a la otra persona a hablar más:** En lugar de asumir que ya entiendes todo lo que la otra persona quiere decir, puedes hacer preguntas abiertas que la inviten a profundizar en su punto de vista. Esto también te permite obtener más información que puedes usar para construir tus propios argumentos de manera más efectiva.
- **Sé paciente y evita saltar a conclusiones:** A veces, en una discusión, tendemos a apresurarnos a juzgar o a interpretar lo que la otra persona está diciendo antes de que haya terminado. Es importante que seas paciente y evites sacar conclusiones precipitadas. Deja que la otra persona termine su pensamiento completo antes de que respondas.
- **No pienses en tu respuesta mientras la otra persona habla:** A menudo, en lugar de escuchar, estamos pensando en cómo vamos a responder. Esto nos distrae y hace que perdamos detalles importantes del argumento de la otra persona. En lugar de preparar tu respuesta mientras el otro habla, concéntrate en escuchar activamente y luego tómate un momento para pensar en tu respuesta después de que haya terminado.
- **Valida las emociones del otro, incluso si no estás de acuerdo con su opinión:** Escuchar no significa que estés de acuerdo con lo que la otra persona dice, pero sí puedes reconocer y validar sus emociones. Decir algo como "Entiendo que esto te preocupa" o "Veo que es un tema importante para ti" muestra que respetas su postura, lo que reduce la tensión y permite que la discusión fluya de manera más constructiva.

Cuando observas si dejas hablar a los demás y los escuchas con atención, te pones en una posición de ventaja en la discusión. No solo generas un ambiente de respeto mutuo, sino que también obtienes una mejor comprensión de los puntos débiles y fuertes del argumento de la otra persona. Esto te permite ajustar tus propios argumentos de manera más efectiva y tener una conversación más productiva y respetuosa. La escucha activa es una de las herramientas más poderosas en cualquier discusión, ya que no solo fortalece tus habilidades de comunicación, sino que también mejora la calidad del diálogo y aumenta tus posibilidades de ganar la discusión.

El poder de la empatía

El poder de la empatía es una de las herramientas más efectivas para ganar una discusión en cualquier tema. A menudo, cuando pensamos en una discusión, la visualizamos como un enfrentamiento en el que intentamos imponer nuestras ideas sobre la otra persona. Sin embargo, los estudios demuestran que cuando te acercas a una conversación con empatía, es mucho más probable que llegues a un acuerdo y que la otra parte sea receptiva a tus argumentos. La empatía, que implica ponerse en el lugar del otro y comprender sus emociones y perspectivas, no solo suaviza el tono de una discusión, sino que también crea un ambiente de respeto y apertura, lo que facilita la resolución de conflictos.

Un estudio realizado por el Dr. Daniel Batson, un psicólogo especializado en empatía en la Universidad de Kansas, demostró que las personas que muestran empatía en situaciones de conflicto tienen más probabilidades de llegar a soluciones colaborativas. Sus investigaciones indican que la empatía reduce la agresividad, fomenta el entendimiento mutuo y permite que ambas partes se sientan valoradas en la conversación. Cuando alguien siente que sus emociones y puntos de vista son comprendidos, es más probable que baje la guardia y esté dispuesto a escuchar y considerar nuevos puntos de vista.

Mostrar empatía en una discusión no significa que tengas que estar de acuerdo con la otra persona, sino que reconoces sus sentimientos y tratas de ver la situación desde su perspectiva. Al hacerlo, puedes establecer una conexión emocional que facilita el diálogo y reduce la resistencia a tu propio punto de vista. La empatía también te permite comprender mejor los verdaderos intereses y preocupaciones de la otra parte, lo que te da una ventaja para argumentar de manera más efectiva.

Para utilizar el poder de la empatía en una discusión, puedes seguir estas estrategias:

- **Escucha activa y sin juicios:** La base de la empatía es la escucha activa. En lugar de pensar en tu respuesta mientras la otra persona habla, concéntrate en escuchar realmente lo que está diciendo. Haz un esfuerzo por comprender no solo las palabras, sino también los sentimientos detrás de ellas. Evita interrumpir o juzgar antes de que la otra persona haya terminado de hablar.
- **Reconoce las emociones de la otra persona:** A menudo, los conflictos se intensifican cuando las emociones no se reconocen. Decir algo como "Puedo ver que esto te está causando frustración" o "Entiendo que este tema te preocupa" muestra a la otra persona que te importan sus emociones y que no estás ignorando lo que siente. Esto ayuda a calmar la tensión y genera un espacio más abierto para el diálogo.
- **Ponerse en los zapatos del otro:** Intenta imaginarte a ti mismo en la posición de la otra persona. Pregúntate cómo te sentirías si estuvieras enfrentando los mismos problemas o preocupaciones. Este ejercicio de empatía no solo te ayudará a entender mejor su perspectiva, sino que

también te permitirá ajustar tus argumentos para que sean más receptivos y relevantes para la otra persona.

- **Valida los puntos de vista del otro, incluso si no estás de acuerdo:** La validación no significa que estés de acuerdo con la otra persona, sino que reconoces que sus opiniones son válidas desde su punto de vista. Puedes decir algo como: "Entiendo por qué te sientes así" o "Veo de dónde vienes", lo que les hará sentir que sus preocupaciones son legítimas, sin que necesariamente debas aceptar su postura.

- **Mantén un lenguaje corporal y tono de voz abiertos:** La empatía no solo se transmite con palabras, sino también con tu lenguaje corporal y tono de voz. Mantén el contacto visual, usa una postura abierta y un tono calmado que demuestre que estás dispuesto a escuchar y dialogar de manera constructiva. Evita actitudes defensivas o cerradas, como cruzar los brazos o usar un tono brusco.

- **Haz preguntas que inviten a la reflexión:** En lugar de imponer tu punto de vista, haz preguntas que fomenten la reflexión y permitan que la otra persona también considere tu perspectiva. Preguntas como "¿Cómo crees que podríamos abordar esto de una manera que funcione para ambos?" o "¿Cómo te sentirías si lo vemos desde este ángulo?" ayudan a abrir la discusión sin hacer que la otra persona se sienta atacada.

- **Utiliza la empatía para construir puentes en lugar de barreras:** En una discusión, el objetivo no es ganar a toda costa, sino llegar a una solución que satisfaga a ambas partes. Al mostrar empatía, puedes ayudar a la otra persona a sentir que no estás en contra de ellos, sino que ambos están trabajando hacia un objetivo común. Esta perspectiva colaborativa fomenta un ambiente de resolución en lugar de conflicto.

La empatía no solo es útil para suavizar las discusiones, sino que puede ser una herramienta poderosa para persuadir. En ese sentido, las personas que se sienten comprendidas y apoyadas son más propensas a cambiar de opinión y aceptar puntos de vista diferentes. Esto sugiere que, al abordar una discusión con empatía, no solo puedes reducir la tensión, sino que también aumentas las posibilidades de que tu interlocutor considere tus argumentos de manera más abierta.

El poder de la empatía radica en su capacidad para transformar una discusión tensa en un diálogo constructivo. Al escuchar activamente, reconocer las emociones del otro y mostrar interés genuino por su perspectiva, puedes crear un ambiente en el que ambos se sientan valorados. Esto no solo facilita la resolución del conflicto, sino que también fortalece las relaciones y mejora tu capacidad para ganar una discusión de manera efectiva y respetuosa.

Pregúntate si haces juicios

Hacer juicios durante una discusión es una de las principales barreras que te impiden llegar a una solución efectiva y ganar la discusión de manera constructiva. Los juicios implican emitir una opinión sobre la otra persona o sobre sus argumentos antes de entender completamente su punto de vista o los hechos que presenta. Esto no solo genera conflicto, sino que también crea una atmósfera de defensividad en la conversación, lo que dificulta el diálogo productivo. Preguntarte si haces juicios durante una discusión es una herramienta clave para mantener el enfoque en los argumentos y no en la persona, lo que te ayudará a discutir de manera más racional y respetuosa.

Cuando haces juicios, puedes caer en el error de asumir lo que la otra persona piensa o de descalificar su opinión antes de darle una oportunidad real de ser escuchada. Los juicios automáticos, que son a menudo subconscientes, afectan la forma en que percibes los argumentos del otro y cómo respondes. Según el psicólogo Daniel Kahneman, autor de Thinking, Fast and Slow (Pensar rápido, pensar despacio), los humanos suelen actuar bajo el "pensamiento rápido" o instintivo, que a menudo está lleno de sesgos y juicios apresurados. Este tipo de pensamiento puede interferir en una discusión racional, ya que impide analizar de manera objetiva la situación y a la otra persona.

Cuando te preguntas si estás haciendo juicios, tomas una pausa para reflexionar sobre tus propios prejuicios o suposiciones. Este paso es esencial para ganar una discusión de manera justa y efectiva, ya que te permite evaluar si estás enfocándote en el argumento o si estás siendo influenciado por creencias preconcebidas sobre la otra persona o el tema en cuestión.

Aquí tienes algunas estrategias para preguntarte si haces juicios durante una discusión y cómo evitarlos:

- **Sé consciente de tus pensamientos automáticos:** A menudo, los juicios aparecen de forma rápida y sin reflexión. Pregúntate si estás sacando conclusiones apresuradas basadas en quién es la otra persona o en experiencias pasadas. Reconocer esos pensamientos automáticos es el primer paso para detenerlos y tomar una postura más objetiva.
- **Concéntrate en los hechos, no en la persona:** Una forma de evitar los juicios es centrarte en los hechos y en los argumentos presentados, en lugar de basar tu respuesta en lo que piensas sobre la persona que habla. Mantén el foco en lo que se dice, no en quién lo dice.
- **Pregúntate si tus emociones están afectando tu percepción:** Las emociones fuertes, como la ira, el

resentimiento o el orgullo, pueden nublar tu juicio y hacer que interpretes de manera negativa lo que la otra persona dice. Pregúntate si estás siendo influenciado por tus emociones en lugar de por los hechos objetivos de la discusión.

- **Evita etiquetar a la otra persona:** Los juicios se manifiestan muchas veces a través de etiquetas como "ignorante", "terco" o "desinformado". Al usar este tipo de etiquetas, estás descartando sus argumentos sin evaluarlos realmente. Haz el esfuerzo de evitar esas etiquetas y, en su lugar, enfócate en los puntos específicos que están presentando.

- **Adopta una mentalidad de curiosidad en lugar de juicio:** En lugar de suponer que ya conoces las motivaciones o pensamientos de la otra persona, haz preguntas para profundizar en su punto de vista. Esto no solo te ayuda a obtener más información, sino que también crea un ambiente de respeto mutuo. Preguntas como "¿Por qué crees eso?" o "¿Cómo llegaste a esa conclusión?" invitan a un diálogo más profundo y constructivo.

- **Reflexiona antes de responder:** Antes de dar una respuesta a un argumento, pregúntate si estás reaccionando desde un lugar de juicio o si estás evaluando los hechos objetivamente. Tomarte un momento para reflexionar sobre cómo estás interpretando la situación puede ayudarte a formular una respuesta más racional y menos influenciada por juicios previos.

- **Evalúa tus propios sesgos:** Todos tenemos sesgos que influyen en nuestras opiniones, y es importante ser consciente de ellos. Pregúntate si tus juicios están siendo influenciados por prejuicios personales, experiencias pasadas o creencias preconcebidas sobre la otra persona o el tema. Reconocer tus sesgos te permitirá manejarlos de manera más efectiva.

- **No asumas intenciones negativas:** En una discusión, es fácil caer en la trampa de asumir que la otra persona tiene malas intenciones o está actuando de manera maliciosa. Sin embargo, asumir intenciones negativas a menudo empeora la situación. En lugar de juzgar las motivaciones de la otra persona, dale el beneficio de la duda y enfócate en lo que realmente están diciendo.

Cuando adoptas una actitud de curiosidad y apertura en lugar de hacer juicios, somos más capaces de aprender y adaptarnos en cualquier situación. Esto es especialmente útil en una discusión, donde el objetivo no debe ser solo ganar, sino también comprender y hacer avanzar la conversación. Cuando te preguntas si haces juicios, abres la puerta a una discusión más productiva, en la que ambas partes pueden expresar sus puntos de vista de manera más libre y constructiva.

Evitar los juicios te permite mantener una mente abierta durante una discusión, lo que facilita la comprensión mutua y aumenta tus posibilidades de éxito. Al enfocarte en los argumentos y no en las personas, y al reflexionar sobre tus propios prejuicios, estarás mejor preparado para manejar cualquier tipo de debate con respeto, claridad y efectividad. La capacidad de ganar una discusión no reside únicamente en tener los mejores argumentos, sino también en ser capaz de escuchar y responder de manera justa y objetiva, algo que solo es posible cuando evitas hacer juicios apresurados.

¿Respetas las creencias de los demás?

Respetar las creencias de los demás es un pilar fundamental para ganar una discusión de manera efectiva y constructiva. Una discusión no siempre consiste en cambiar la opinión del otro, sino en crear un espacio donde ambas partes puedan expresar sus ideas con respeto, aún cuando existan desacuerdos. Cuando no respetas las creencias de la otra persona, el diálogo se cierra, se genera tensión, y es más probable que la conversación se convierta en un conflicto en lugar de una discusión productiva. En cambio, si respetas las creencias ajenas, creas un ambiente en el que la otra persona se siente escuchada y valorada, lo que abre las puertas para un diálogo más abierto y colaborativo.

Las personas son mucho más receptivas a los argumentos ajenos cuando sienten que sus creencias fundamentales están siendo respetadas. Este respeto no significa que debas estar de acuerdo con las creencias del otro, sino que puedes reconocer y valorar su derecho a tener esas creencias sin descalificarlas o atacarlas.

El respeto por las creencias de los demás se trata de manejar las diferencias de manera madura y empática. Cuando entras en una discusión con una actitud que denigra o menosprecia lo que la otra persona cree, generas una reacción defensiva que impide cualquier posibilidad de un diálogo productivo. Esto es particularmente relevante en temas sensibles como la religión, la política, y los valores personales, donde las creencias suelen estar profundamente arraigadas en la identidad de una persona.

Aquí tienes algunas estrategias para asegurarte de que respetas las creencias de los demás durante una discusión, lo que te ayudará a mantener una conversación más efectiva:

- **Evita descalificar las creencias ajenas:** Durante una discusión, es fácil caer en la trampa de criticar o ridiculizar las creencias de la otra persona cuando no estamos de acuerdo. Sin embargo, esto no solo es irrespetuoso, sino que también bloquea cualquier posibilidad de comunicación constructiva. En lugar de descalificar, reconoce la validez de la creencia en el contexto de la otra persona. Por ejemplo, puedes decir: "Entiendo que esto es importante para ti, aunque yo lo veo de otra manera".

- **Enfócate en los argumentos, no en las creencias personales:** Una manera efectiva de respetar las creencias de los demás es separar las creencias personales de los argumentos. En lugar de atacar la creencia en sí, enfócate en discutir los puntos específicos que son parte del argumento. Esto te permitirá centrarte en los hechos y mantener el respeto por las creencias subyacentes.
- **Haz preguntas en lugar de suposiciones:** En lugar de asumir que entiendes por completo las creencias de la otra persona, haz preguntas para profundizar en su perspectiva. Preguntar "¿Por qué crees eso?" o "¿Qué te llevó a esa conclusión?" no solo muestra que te interesa comprender, sino que también te da una mejor comprensión de su razonamiento, lo que puede ayudarte a estructurar mejor tus propios argumentos.
- **Reconoce el derecho del otro a tener creencias diferentes:** Es importante recordar que todos tenemos el derecho de tener nuestras propias creencias, incluso si no estamos de acuerdo con ellas. Expresar este reconocimiento puede ayudar a crear una atmósfera de respeto mutuo. Puedes decir algo como: "Respeto que veas el mundo de manera diferente, y me gustaría entender mejor tu perspectiva".
- **Practica la empatía:** Intentar comprender por qué alguien cree lo que cree te ayudará a desarrollar empatía. Incluso si no compartes esa creencia, al menos podrás entender

de dónde viene y por qué es importante para esa persona. Esto suaviza el tono de la discusión y te permite argumentar desde un lugar de comprensión en lugar de confrontación.

- **Evita la condescendencia:** A menudo, en discusiones sobre creencias, uno de los errores más comunes es tratar a la otra persona con condescendencia, como si estuvieras en lo correcto y la otra persona no tuviera la capacidad de ver las cosas claramente. Esta actitud desvaloriza al interlocutor y convierte la conversación en una lucha de egos. En lugar de eso, trata de mantener una postura de igualdad, en la que ambas partes se sientan escuchadas y valoradas.

- **Usa un lenguaje respetuoso y neutral:** Las palabras que elijas son clave para mantener una discusión respetuosa. Evita términos cargados de negatividad o desprecio cuando hables sobre las creencias de los demás. En lugar de decir "eso no tiene sentido" o "es absurdo pensar así", puedes decir "entiendo que ese punto de vista es importante para ti, aunque yo lo veo desde una perspectiva diferente".

Respetar las creencias de los demás no significa que debas comprometer tus propios principios o aceptar algo con lo que no estás de acuerdo. Sin embargo, mostrar respeto te permitirá mantener la conversación en un nivel de civilidad y apertura que hará que la otra persona también esté más dispuesta a escuchar lo que tienes que decir. Un estudio del psicólogo social Jonathan Haidt sobre la psicología de las diferencias morales indica que las discusiones basadas en el respeto mutuo son más efectivas para cambiar opiniones que aquellas en las que se desprecian las creencias del otro. Según Haidt, cuando las personas se sienten respetadas en sus creencias, tienden a estar más abiertas a la persuasión.

Respetar las creencias de los demás es una herramienta poderosa para ganar una discusión sin crear antagonismo. Al mostrar empatía, escuchar sin juzgar y centrarte en los argumentos en lugar de atacar las creencias personales, puedes abrir un espacio para un diálogo productivo. Esto no solo aumenta tus posibilidades de persuadir a la otra persona, sino que también fortalece tus habilidades de comunicación al demostrar que puedes mantener una discusión respetuosa y efectiva, incluso en temas donde las diferencias son profundas.

Toma consciencia de cómo conversa cada persona

Tomar conciencia de cómo conversa cada persona es una estrategia crucial para ganar una discusión, ya que cada individuo, según su profesión, formación y experiencias, tiende a comunicarse de manera diferente. Un abogado, un policía o un estudiante, por ejemplo, no solo tienen estilos de conversación distintos, sino que también interpretan los argumentos de maneras únicas debido a sus entrenamientos y contextos profesionales. Comprender cómo cada persona aborda una discusión te permite adaptar tu estilo comunicativo para ser más efectivo y persuasivo. En lugar de utilizar un enfoque único para todos, ajustar tu manera de hablar a la audiencia específica es clave para ganar cualquier discusión.

Cada profesión, y cada persona dentro de esa profesión, tiene una forma particular de procesar y comunicar información. Un abogado, por ejemplo, está entrenado para argumentar basándose en hechos, leyes y lógica. Su estilo de conversación tiende a ser más estructurado y detallado, buscando siempre la precisión en los términos y el respaldo de evidencias. Por otro lado, un policía, debido a la naturaleza de su trabajo, puede estar más enfocado en la resolución rápida de conflictos y en obtener la información relevante de manera directa. Por otro lado, si conversamos con un estudiante es probable que tiendan a ser más exploradores en sus argumentos, abiertos a nuevas ideas y menos anclados en una estructura rígida, ya que su entorno académico fomenta el debate y el intercambio de ideas.

Comprender estas diferencias te ayudará a ajustar tu enfoque dependiendo de con quién estés hablando. Cuando adaptas tu estilo de comunicación a las expectativas y formas de pensar de la otra persona, es más probable que puedas influir en la discusión y presentar tus puntos de una manera que resuene con ellos.

Para tomar consciencia de cómo conversa cada persona y ajustar tu estrategia de discusión, puedes seguir las siguientes pautas:

- **Identifica el enfoque de cada profesión:** Por ejemplo, los abogados suelen construir sus argumentos con una lógica sólida y pruebas. Si discutes con alguien con formación legal, asegúrate de estructurar tus puntos de manera clara, utilizando pruebas y un razonamiento lógico bien desarrollado. Para ellos, la precisión en las palabras es crucial, por lo que deberás evitar términos vagos y enfocarte en datos y hechos verificables.
- **Observa las señales verbales y no verbales:** Cada persona da pistas sobre cómo está abordando la conversación a través de su tono de voz, lenguaje corporal y ritmo de habla. Por ejemplo, si alguien está siendo muy formal y preciso, como lo haría un abogado, es probable que necesites estructurar tus respuestas de manera lógica y cuidadosa. Si el tono es más relajado y casual, como podría ser con un estudiante, puedes permitirte ser más flexible y abierto en tus argumentos.
- **Ajusta el nivel de tecnicismo en tu discurso:** Algunas profesiones suelen utilizar un lenguaje técnico y

específico, mientras que otras, prefieren un lenguaje más accesible y general. Si estás hablando con un profesional técnico, es útil demostrar que comprendes los términos que están usando y que puedes seguir su lógica, pero si hablas con alguien menos técnico, como un estudiante, es importante simplificar los términos sin perder la claridad.

- **Reconoce los objetivos y valores de cada persona:** El objetivo de una discusión para un abogado puede ser ganar un argumento demostrando que los hechos están de su lado, mientras que un policía puede estar más enfocado en llegar a una solución práctica y rápida. Un estudiante, por otro lado, podría estar interesado en aprender o intercambiar ideas sin necesariamente intentar "ganar". Reconocer estos objetivos te permitirá ajustar tu enfoque y estilo de argumentación para alinearte con lo que la otra persona está buscando en la conversación.

- **Sé flexible y ajusta el tono de la conversación según la audiencia:** Un tono formal puede ser necesario para una discusión con un profesional que valora la seriedad y precisión, mientras que un tono más relajado y accesible puede ser más adecuado para una conversación con alguien que prefiere una interacción menos estructurada. Cambiar tu tono y vocabulario según el contexto te ayudará a construir una mejor conexión con la persona con la que estás discutiendo.

Un estudio realizado por el psicólogo organizacional Adam Galinsky de la Universidad de Columbia encontró que la "perspectiva" es una habilidad crítica en las negociaciones y discusiones. Su investigación muestra que quienes son capaces de adoptar el punto de vista de la otra persona y ajustar su estilo de comunicación en consecuencia, tienen más éxito al persuadir y llegar a acuerdos. Al tomar conciencia de cómo conversa cada persona, no solo entiendes mejor su estilo, sino que también puedes adaptar tu enfoque para que tus argumentos sean más receptivos y efectivos.

Para ganar una discusión, es esencial que tomes conciencia de las diferencias en la forma en que conversa cada persona. Un abogado, un policía o un estudiante pueden tener estilos de comunicación muy distintos, y adaptar tu enfoque a sus expectativas y formas de procesar la información te permitirá tener una conversación más efectiva y persuasiva. Al reconocer estas diferencias y ajustar tu lenguaje, tono y estilo de argumentación, puedes aumentar significativamente tus posibilidades de éxito en cualquier discusión.

Escucha las emociones de los demás

Escuchar las emociones de los demás es una habilidad esencial para ganar una discusión de manera efectiva y constructiva. En cualquier conversación o discusión, las emociones juegan un papel importante, ya que no solo se discuten hechos o ideas, sino que también se expresan sentimientos, preocupaciones y deseos. Ignorar o minimizar las emociones de la otra persona puede llevar a una ruptura en la comunicación y hacer que la discusión se vuelva más conflictiva. En cambio, cuando prestas atención a las emociones detrás de las palabras, puedes conectar con la otra persona a un nivel más profundo, lo que te permite manejar la conversación con mayor empatía y comprensión.

Escuchar las emociones no significa que estés de acuerdo con la otra persona, sino que reconoces y validas cómo se siente. Esto es clave para bajar las defensas y crear un ambiente más propicio para el diálogo. Cuando alguien siente que sus emociones son comprendidas y respetadas, es más probable que baje la guardia y esté dispuesto a considerar tus argumentos. Ignorar las emociones, por otro lado, puede intensificar el conflicto y hacer que la otra persona se sienta incomprendida o ignorada, lo que aumenta la probabilidad de que la discusión se vuelva destructiva.

No basta con solo escuchar las palabras de una persona, sino también prestar atención a las emociones subyacentes. Esta forma de escucha es fundamental para generar una conexión auténtica y facilitar la resolución de conflictos, ya que permite que ambas partes se sientan escuchadas y comprendidas. Este enfoque es especialmente útil en discusiones, donde las emociones pueden ser intensas y a menudo están en el centro del desacuerdo.

Para aplicar la habilidad de escuchar las emociones en una discusión y mejorar tu capacidad para ganar en cualquier tema, aquí hay algunas estrategias que puedes seguir:

- **Presta atención a las señales no verbales:** A menudo, las emociones se expresan a través del lenguaje corporal y el tono de voz, más que a través de las palabras. Observa las expresiones faciales, la postura y el tono de voz de la otra persona para identificar cómo se siente. Por ejemplo, una voz elevada puede indicar frustración o enojo, mientras que una postura cerrada puede sugerir que la persona se siente a la defensiva o incómoda.
- **Haz preguntas para explorar las emociones:** Si no estás seguro de lo que la otra persona está sintiendo, pregunta directamente de manera respetuosa. Puedes decir algo como "Parece que esto te está afectando bastante, ¿te gustaría hablar más sobre cómo te sientes al respecto?". Hacer preguntas abiertas te permitirá obtener más

información sobre las emociones detrás de sus palabras y te dará una mejor comprensión de lo que está en juego.

- **Parafrasea las emociones que identificas:** Una forma efectiva de demostrar que estás escuchando las emociones de la otra persona es parafrasear lo que estás percibiendo. Puedes decir algo como "Entiendo que te sientes frustrado por esto" o "Parece que te preocupa bastante lo que está sucediendo". Esta técnica no solo muestra empatía, sino que también le da a la otra persona la oportunidad de aclarar o profundizar en sus sentimientos.

- **Valida las emociones, incluso si no compartes el mismo punto de vista:** Validar las emociones significa reconocer que la otra persona tiene derecho a sentir lo que siente, sin que eso signifique que tú estés de acuerdo con sus razones. Por ejemplo, podrías decir: "Entiendo que esto te haga sentir molesto, y respeto cómo te afecta". Esto ayuda a desactivar la tensión emocional y muestra que estás comprometido a escuchar de manera comprensiva.

- **Mantén la calma ante emociones intensas:** En una discusión, las emociones pueden ser fuertes y, a veces, abrumadoras. Es importante que mantengas la calma cuando la otra persona exprese enojo, frustración o tristeza. Al hacerlo, evitas escalar el conflicto y puedes responder de manera más racional y empática. Mantener un tono tranquilo y sereno también ayudará a calmar la situación.

- **Evita minimizar o invalidar las emociones:** Frases como "No deberías sentirte así" o "No es para tanto" son formas de minimizar las emociones del otro y pueden aumentar la tensión. En lugar de restarle importancia a lo que siente la otra persona, acepta que sus emociones son reales para ellos y aborda la discusión desde ese punto de entendimiento.

- **Reconoce las emociones como una parte importante del argumento:** En muchas discusiones, las emociones juegan un papel central en los puntos de vista de las personas. A menudo, los argumentos racionales y emocionales están entrelazados. Escuchar las emociones te ayuda a comprender mejor la postura del otro y te permite ajustar tu enfoque para abordar tanto las preocupaciones emocionales como los hechos.
- **Usa las emociones para encontrar un terreno común:** Al escuchar las emociones de la otra persona, puedes encontrar áreas de acuerdo o empatía que te ayuden a suavizar la discusión. Si ambos están frustrados por una situación, reconocer esa emoción compartida puede ayudar a crear un vínculo y una sensación de cooperación en lugar de confrontación.

La neurocientífica Lisa Feldman Barrett, en su investigación sobre las emociones, destaca que las emociones son construcciones complejas que influyen profundamente en el comportamiento y la toma de decisiones. Ignorar las emociones en una discusión es ignorar una parte importante del contexto que motiva a las personas a actuar o pensar de cierta manera. Según Barrett, cuando las emociones son escuchadas y comprendidas, las personas son más propensas a tomar decisiones racionales y abiertas al diálogo.

Identificar las emociones de los demás no solo mejora la calidad de la conversación, sino que también te da una ventaja estratégica en cualquier discusión. Al mostrar empatía, validar los sentimientos de la otra persona y mantener la calma ante las emociones intensas, puedes desactivar tensiones y crear un ambiente más abierto para el diálogo. Esto te permitirá avanzar en la discusión de manera constructiva y aumentar tus posibilidades de éxito, ya que estarás abordando tanto los aspectos racionales como emocionales del conflicto. Ganar una discusión no se trata solo de presentar mejores argumentos, sino también de saber manejar las emociones de manera efectiva para lograr una resolución positiva.

Analiza cómo reaccionas antes un "NO"

Analizar cómo reaccionas ante un "NO" es un paso fundamental para ganar una discusión en cualquier tema. Un "NO" puede sentirse como un rechazo definitivo, pero en realidad, cómo manejas ese momento crítico puede marcar la diferencia entre el éxito o el fracaso en una discusión. Saber gestionar de manera constructiva una negativa te permite mantener la conversación abierta, identificar las verdaderas razones detrás de la resistencia y buscar alternativas que beneficien a ambas partes. Si reaccionas mal, con frustración o defensivamente, puedes cerrar la puerta a la posibilidad de llegar a un acuerdo o a un punto intermedio.

Es importante recordar que un "NO" no siempre es el final de la conversación, sino una oportunidad para explorar más a fondo los motivos de la otra persona, comprender mejor sus preocupaciones y adaptar tus argumentos de manera más efectiva. Un estudio realizado por la Universidad de Harvard sobre negociación efectiva demostró que las personas que manejan bien el rechazo y lo ven como una oportunidad para seguir explorando alternativas, son mucho más exitosas en lograr acuerdos favorables. Este estudio, dirigido por el profesor William Ury, uno de los coautores de "Getting to Yes" (Obtenga el sí), revela que la clave para superar un "NO" está en la paciencia, la empatía y la creatividad para encontrar soluciones alternativas.

Aquí te ofrezco algunas estrategias para analizar cómo reaccionas ante un "NO" y cómo puedes manejar mejor esa situación para aumentar tus probabilidades de éxito en una discusión:

- **No tomes el "NO" como algo personal:** Es fácil interpretar un "NO" como un rechazo a tu idea, a tus argumentos o incluso a ti como persona. Sin embargo, es importante separar la respuesta negativa de tu ego. En lugar de verlo como un ataque, intenta entender que el "NO" puede estar relacionado con la situación, las circunstancias o las preocupaciones de la otra persona, y no necesariamente con un rechazo personal hacia ti.
- **Mantén la calma y evita la frustración:** Una reacción común ante un "NO" es sentir frustración, lo que puede llevar a una respuesta defensiva o agresiva. Esto solo sirve para aumentar la tensión y cerrar las puertas a una posible negociación. En lugar de eso, mantén la calma y concéntrate en continuar la conversación de manera constructiva. Tomarte unos segundos para respirar y reflexionar antes de responder puede marcar la diferencia en tu reacción.
- **Investiga el motivo detrás del "NO":** No siempre es evidente por qué la otra persona está diciendo que no. Un "NO" puede ocultar muchas razones: falta de comprensión, miedo al cambio, preocupaciones económicas o simplemente falta de tiempo. Pregunta de manera abierta y respetuosa para obtener más información sobre la negativa. Puedes decir algo como: "Entiendo que no estás de acuerdo, pero me gustaría saber más sobre tus razones". Esto no solo muestra que respetas su postura, sino que también te permite obtener más información para ajustar tu enfoque.

- **Reformula tu propuesta o argumento:** A veces, un "NO" es una señal de que tu propuesta o argumento no fue presentado de manera que resonara con la otra persona. Después de recibir la negativa, intenta reformular tu enfoque, adaptando tu mensaje para abordar las preocupaciones del otro. Por ejemplo, si la otra persona dice "No" porque considera que tu propuesta es muy costosa, podrías reformular el argumento destacando el valor o los beneficios a largo plazo que justifican la inversión.

- **Haz preguntas abiertas para mantener la conversación activa:** En lugar de aceptar el "NO" como una respuesta final, usa preguntas abiertas para seguir explorando posibles soluciones. Preguntas como "¿Qué podríamos hacer para que esto funcione para ti?" o "¿Qué aspecto de mi propuesta te preocupa más?" abren la puerta para continuar el diálogo y encontrar puntos de negociación. Este tipo de preguntas también muestran tu disposición a colaborar y encontrar un terreno común.

- **Sé flexible y busca alternativas:** En lugar de enfocarte en un solo camino hacia tu objetivo, considera la posibilidad de ofrecer alternativas que satisfagan tanto tus intereses como los de la otra persona. El "NO" puede significar que la primera propuesta no es viable, pero estar abierto a explorar nuevas opciones o enfoques puede ayudarte a encontrar una solución que funcione para ambos.

- **Reconoce la validez del "NO" sin rendirte:** A veces, es útil reconocer y validar la negativa del otro. Decir algo como "Entiendo por qué te sientes así" o "Tiene sentido que tengas esas preocupaciones" demuestra que respetas su postura. Sin embargo, validar su posición no significa que estés de acuerdo o que hayas terminado la discusión; simplemente abre la puerta a continuar de manera más respetuosa y colaborativa.

- **Mantén la discusión en un plano racional y emocionalmente equilibrado:** Las discusiones pueden tornarse intensas cuando hay un "NO" de por medio, especialmente si el tema es importante para ambas partes. Es esencial mantener el control sobre tus emociones y evitar que el tono de la conversación se vuelva agresivo o personal. Un enfoque equilibrado te permitirá seguir dialogando sin que la conversación se deteriore.

El manejo efectivo del "NO" también depende de tu capacidad para perseverar sin ser insistente de manera negativa. La resiliencia en una discusión es clave para mantener el diálogo fluido, pero es importante no cruzar la línea hacia la presión o la imposición. En lugar de forzar una respuesta afirmativa, trabaja para construir un caso más sólido o explorar nuevas soluciones que puedan cambiar el "NO" a un "tal vez" o incluso a un "sí" en el futuro.

Un estudio realizado por el psicólogo social Robert Cialdini, experto en persuasión, destaca que el "NO" inicial puede ser una reacción emocional o instintiva, pero con el tiempo y la exposición a nuevos argumentos, las personas pueden reconsiderar su postura. La clave está en no ver el "NO" como algo definitivo, sino como un paso más en el proceso de negociación y discusión.

Recuerda que la forma en que reaccionas ante un "NO" en una discusión puede determinar si el diálogo se estanca o si sigue avanzando de manera productiva. Al manejar el rechazo con calma, investigar las razones detrás de la negativa, reformular tus argumentos y ofrecer alternativas, puedes transformar un "NO" en una oportunidad para profundizar la discusión y encontrar una solución beneficiosa para ambas partes.

En tus conversaciones reclamas o te quejas

En cualquier discusión o conversación, el tono y la forma en que presentas tus argumentos son esenciales para lograr un diálogo constructivo. Una de las barreras más comunes que impide ganar una discusión de manera efectiva es caer en la queja o el reclamo, en lugar de enfocarse en soluciones o argumentos sólidos. Cuando te quejas o reclamas constantemente, no solo creas una atmósfera de negatividad, sino que también reduces tus posibilidades de ser escuchado y respetado. Las quejas tienden a cerrar puertas, mientras que un enfoque propositivo abre espacio para el diálogo y la colaboración.

Es importante analizar cómo te comunicas durante las discusiones: ¿Estás reclamando sobre lo que está mal o te estás quejando de algo que no te gusta? Este enfoque, aunque natural en situaciones de frustración, puede alienar a la otra persona y hacer que se ponga a la defensiva. Las quejas a menudo son vistas como una crítica directa y personal, lo que obstaculiza cualquier intento de llegar a un acuerdo. Cuando te quejas o reclamas, es más probable que el otro sienta que debe defenderse en lugar de estar dispuesto a escuchar y colaborar en la búsqueda de una solución.

El psicólogo Marshall Rosenberg, creador de la Comunicación No Violenta (CNV), argumenta que el lenguaje de quejas y reclamos suele alienar a las personas y generar resistencia. Rosenberg propone que, en lugar de quejarte, expreses tus necesidades de manera clara y sin juicio, lo que facilita que la otra persona entienda tu perspectiva sin sentir que está siendo atacada. Este cambio en la forma de comunicarte puede marcar una diferencia significativa en cómo se desarrolla una discusión.

Para evitar que las quejas y los reclamos dominen tus conversaciones y aprender a convertirlos en oportunidades para avanzar en la discusión, considera las siguientes estrategias:

- **Enfócate en la solución, no en el problema:** En lugar de centrarte en lo que está mal o en lo que te molesta, enfoca la conversación en cómo se puede mejorar la situación. Por ejemplo, en lugar de decir "Esto siempre sale mal", podrías decir "¿Qué podemos hacer para que esto funcione mejor la próxima vez?". Al plantear soluciones en lugar de quejas, demuestras una actitud proactiva que facilita el diálogo.
- **Evita generalizaciones y absolutos:** Las quejas a menudo están llenas de generalizaciones como "siempre" o "nunca", lo que exagera el problema y hace que la otra persona se sienta atacada o incomprendida. En lugar de usar estas palabras, sé específico sobre lo que te preocupa. Por ejemplo, en lugar de decir "Siempre me interrumpes", podrías decir "Me siento frustrado cuando no puedo terminar mis ideas en la conversación".
- **Usa el "yo" en lugar de "tú" para expresar tus preocupaciones:** Las quejas generalmente comienzan con "tú", lo que coloca el foco en la otra persona de manera acusatoria. Cambiar a declaraciones que comiencen con "yo" puede hacer una gran diferencia en cómo se percibe tu mensaje. Por ejemplo, en lugar de decir "Tú nunca escuchas", podrías decir "Me siento ignorado cuando no siento que mis ideas sean escuchadas".
- **Transforma la queja en una petición clara:** Si sientes la necesidad de reclamar o quejarte, pregúntate qué es lo que realmente necesitas de la situación. Convierte la queja en una solicitud clara y específica. Por ejemplo, en lugar de decir "Esto es inaceptable", puedes decir "Me gustaría que la próxima vez tengamos más tiempo para

revisar los detalles antes de tomar una decisión". Esto convierte una crítica en una oportunidad para mejorar y facilita una discusión constructiva.

- **Reconoce las emociones detrás de la queja:** A menudo, las quejas son el resultado de emociones no expresadas, como frustración, cansancio o estrés. Antes de expresar una queja, intenta identificar la emoción que la impulsa. Puedes decir algo como "Me siento frustrado porque no se están cumpliendo nuestras expectativas" en lugar de lanzar un reclamo directo. Al expresar la emoción en lugar de solo la queja, la otra persona es más propensa a empatizar contigo.

- **Haz una pausa antes de quejarte:** Si notas que estás a punto de caer en el patrón de quejarte o reclamar, haz una pausa. Tómate un momento para reflexionar sobre cómo puedes presentar tu preocupación de manera más constructiva. Pregúntate si la queja realmente llevará la conversación hacia una solución o si solo está alimentando la negatividad.

- **Escucha antes de responder:** A veces, las quejas surgen porque nos sentimos incomprendidos o porque no hemos escuchado lo suficiente a la otra persona. Asegúrate de escuchar activamente antes de expresar tus preocupaciones. Puede que descubras que la otra persona también tiene dificultades y, al comprenderlas mejor, puedas formular una respuesta más empática y constructiva.

- **Reconoce lo positivo antes de señalar lo negativo:** En una conversación o discusión, siempre es útil reconocer los aspectos positivos antes de abordar las preocupaciones. Esto equilibra la conversación y reduce la percepción de que solo te estás quejando. Por ejemplo, podrías decir "Aprecio que te esfuerces por terminar el trabajo a tiempo, aunque me gustaría que podamos encontrar una manera de hacerlo con más detalle".

El manejo de las quejas y los reclamos en una discusión es clave para mantener un ambiente de respeto y colaboración. Cuando te enfocas solo en lo que está mal, no dejas espacio para la resolución y las soluciones. En cambio, transformar las quejas en solicitudes específicas, expresadas de manera respetuosa, permite que la otra persona participe en el proceso de mejora y evita que el diálogo se convierta en un conflicto.

El experto en comportamiento organizacional, el Dr. David Rock, desarrolló el concepto del Modelo SCARF, que sugiere que el cerebro humano reacciona negativamente a las críticas o quejas percibidas como amenazas. Al evitar las quejas y los reclamos, puedes minimizar las respuestas defensivas automáticas y fomentar una discusión en la que la otra persona esté dispuesta a cooperar y considerar tus argumentos de manera más abierta.

La forma en la que manejas las quejas o reclamos en una discusión puede determinar si la conversación avanza o se estanca. Al enfocarte en soluciones, usar un lenguaje positivo y expresar tus preocupaciones de manera constructiva, puedes ganar una discusión sin generar resentimiento ni tensiones innecesarias. Dejar de lado las quejas y adoptar un enfoque propositivo te ayudará no solo a ser más persuasivo, sino también a construir relaciones más sólidas y basadas en la colaboración, en lugar del conflicto.

No grites ni ofendas a los demás

No gritar ni ofender a los demás durante una discusión es una de las claves más importantes para mantener el control, el respeto mutuo y la efectividad en cualquier conversación. Cuando una discusión se convierte en un intercambio de gritos o insultos, el objetivo principal —llegar a un entendimiento o resolver un conflicto— se pierde completamente. En lugar de buscar una solución, el foco de la conversación se desvía hacia una lucha de poder, donde ambas partes intentan imponer su punto de vista de manera agresiva. Esto no solo daña las relaciones, sino que también reduce significativamente la posibilidad de que tus argumentos sean escuchados y considerados de manera seria.

Gritar o insultar es un comportamiento emocional que, generalmente, surge cuando alguien se siente frustrado, atacado o fuera de control. Sin embargo, aunque gritar puede dar una sensación temporal de liberación, nunca resuelve el conflicto de manera efectiva. Elevar la voz y recurrir a insultos activa respuestas defensivas en el cerebro de la otra persona, lo que cierra cualquier oportunidad para la comunicación productiva. Un estudio realizado por la Universidad de California en Berkeley, dirigido por el Dr. Robert Levenson, descubrió que las discusiones acaloradas que incluyen gritos y ofensas provocan una respuesta fisiológica de "lucha o huida", lo que bloquea la capacidad de procesar información racionalmente y lleva a un estancamiento en la discusión.

Además, las ofensas y los gritos suelen dejar una marca duradera en las relaciones. Incluso si la discusión parece haberse resuelto en el momento, los insultos y el comportamiento agresivo erosionan la confianza y el respeto a largo plazo. Es por eso que es crucial, en cualquier discusión, mantener el control de las emociones y evitar caer en la tentación de usar el volumen o las palabras ofensivas como herramientas para ganar.

Para evitar gritar u ofender a los demás durante una discusión y ganar de manera más efectiva, considera las siguientes estrategias:

- **Controla tus emociones antes de responder:** Si sientes que tus emociones están a punto de desbordarse, es importante que hagas una pausa antes de responder. Tomarte unos segundos para respirar profundamente o reflexionar sobre lo que realmente quieres decir puede prevenir que eleves la voz o uses palabras que puedan herir a la otra persona. Mantener la calma te permite tener más control sobre el curso de la conversación.
- **Reconoce los desencadenantes emocionales:** Identificar qué es lo que generalmente te provoca a gritar o insultar es un paso crucial. Puede que ciertos temas o actitudes del otro sean tus detonantes emocionales. Al estar consciente de esto, puedes preparar respuestas más racionales cuando esos temas surjan, en lugar de dejar que la situación te sobrepase.
- **Modula tu tono de voz:** El tono de voz que utilizas es tan importante como el contenido de tus palabras. Mantener un tono de voz calmado y controlado, incluso en desacuerdos intensos, muestra que estás dispuesto a mantener la conversación en un nivel respetuoso. Cuando bajas el tono de tu voz, la otra persona también tiende a bajar el suyo, lo que puede ayudar a desactivar una discusión que se está volviendo tensa.
- **No respondas a la agresividad con agresividad:** A veces, la otra persona puede iniciar los gritos o las ofensas. En lugar de reaccionar de la misma manera, mantén la compostura y responde de manera tranquila. Esto

desarma a la otra persona y le hace más difícil justificar su comportamiento agresivo. Decir algo como "Entiendo que estás molesto, pero no necesitamos gritar para resolver esto" puede ayudar a devolver la conversación a un tono más civilizado.

- **Evita los insultos y descalificaciones personales:** Los insultos y ataques personales no solo son hirientes, sino que también desvían el foco de la discusión. Si te ves tentado a usar un insulto, detente y pregúntate si eso realmente ayudará a resolver el conflicto o si solo intensificará el problema. Reemplaza los insultos con declaraciones que expresen tus emociones sin atacar a la otra persona, como "Me siento frustrado cuando no soy escuchado" en lugar de "Siempre ignoras lo que digo".
- **Usa "yo" en lugar de "tú":** Los comentarios que comienzan con "tú" a menudo suenan acusatorios, lo que puede llevar a la otra persona a ponerse a la defensiva. Cambiar el enfoque hacia "yo" reduce las posibilidades de que la conversación escale en una pelea. Esto mantiene la conversación enfocada en cómo te sientes sin atacar directamente a la otra persona.
- **Si es necesario, toma un descanso:** Si sientes que la discusión está escalando demasiado y es probable que acabes gritando o diciendo algo hiriente, no dudes en pedir un descanso. Puedes decir algo como "Creo que necesitamos calmarnos antes de continuar esta conversación" y regresar al tema más tarde cuando ambos estén en un estado emocional más equilibrado.
- **Enfócate en los hechos, no en las emociones:** Mantén la discusión centrada en los hechos y las soluciones, en lugar de dejar que las emociones dominen la conversación. Al presentar argumentos racionales y objetivos, es menos probable que caigas en el comportamiento emocional de gritar o insultar. Esto

también te ayuda a mantener el respeto mutuo y la lógica en el centro de la discusión.

- **Sé consciente del impacto a largo plazo:** Cada discusión tiene un impacto en la relación, ya sea profesional o personal. Gritar y ofender puede darte una victoria temporal, pero a largo plazo, debilitará la confianza y el respeto entre ambas partes. Recordar las consecuencias a largo plazo de tus palabras y acciones puede ayudarte a mantener la calma y evitar el uso de la agresividad como herramienta.

Recuerda que cuando nos comunicamos desde un lugar de respeto y empatía, incluso en situaciones difíciles, es más probable que logremos resultados positivos y duraderos. Gritar y ofender no solo cierra las puertas al diálogo, sino que también crea heridas emocionales que pueden ser difíciles de sanar.

Para ganar una discusión de manera efectiva, es esencial evitar gritar u ofender a los demás. Mantener la calma, usar un lenguaje respetuoso y controlar las emociones te permitirá abordar cualquier tema de manera más racional y constructiva. No solo mejorarás tus probabilidades de ser escuchado y comprendido, sino que también preservarás la calidad de tus relaciones, ya sean personales o profesionales. Recuerda que el objetivo de una discusión no es destruir al otro con palabras hirientes, sino encontrar soluciones y entendimiento mutuo.

Inspira en tus conversaciones

Inspirar en tus conversaciones es una de las formas más poderosas para ganar una discusión, ya que te permite conectar a un nivel más profundo con la otra persona, elevando el diálogo más allá del simple intercambio de puntos de vista.

Cuando logras inspirar, no solo presentas argumentos lógicos y claros, sino que también tocas las emociones y valores de la otra persona, creando un impacto más duradero. Inspirar en una conversación implica motivar a la otra parte a reflexionar, considerar nuevas perspectivas y, potencialmente, cambiar de opinión de manera voluntaria y positiva, en lugar de sentirse obligada o forzada.

El poder de inspirar reside en la capacidad de ir más allá de los hechos y las cifras, conectando con la dimensión emocional y motivacional de las personas. Diversos estudios, como los realizados por el escritor inglés Simon Sinek, autor de Start with Why (Empieza con el por qué), destacan que las personas no solo se ven persuadidas por los argumentos lógicos, sino también por el propósito, las creencias y los valores que subyacen a esos argumentos. Cuando inspiras en una discusión, logras que la otra persona vea el "por qué" detrás de tu postura, lo que refuerza la conexión y la confianza en lo que estás diciendo.

Para aprender a inspirar en tus conversaciones y ganar una discusión con un enfoque motivador, puedes aplicar las siguientes estrategias:

- **Conecta con valores comunes:** En lugar de enfocarte únicamente en los desacuerdos, busca los valores que compartes con la otra persona. La mayoría de las veces, las personas tienen objetivos o principios comunes, aunque tengan diferentes ideas sobre cómo lograrlos. Por ejemplo, si discutes sobre una política social, podrías conectar con el valor común de querer mejorar la vida de las personas. Este enfoque no solo suaviza la discusión, sino que también crea una base de respeto mutuo desde la cual puedes inspirar y persuadir.

- **Cuéntales historias que impacten emocionalmente:** Las historias tienen un poder único para inspirar, ya que conectan a nivel emocional y permiten que las personas se identifiquen con situaciones reales. Cuando cuentas una historia que ejemplifica tu punto de vista o los beneficios de una solución, es más probable que la otra persona se sienta motivada a considerar tu perspectiva. Las historias tienen la capacidad de mover a las personas de una manera que los hechos y los argumentos lógicos, por sí solos, a menudo no pueden lograr.
- **Muestra pasión y convicción genuina:** Las personas se sienten atraídas por aquellos que muestran pasión y convicción en lo que dicen. Si quieres inspirar en una discusión, debes demostrar que crees profundamente en lo que estás defendiendo. No se trata de ser agresivo o insistente, sino de mostrar una auténtica motivación por el tema en cuestión. Cuando transmites entusiasmo y confianza en tu mensaje, es más probable que la otra persona también se sienta impulsada a considerarlo.
- **Sé un ejemplo de integridad y coherencia:** La inspiración también proviene del respeto y la admiración que generas en los demás. Las personas se sienten inspiradas cuando ven coherencia entre lo que dices y lo que haces. Si en una discusión defiendes una postura basada en principios éticos o valores, es importante que tú mismo demuestres esos valores a través de tu comportamiento. Esta coherencia genera confianza y hace que tus palabras tengan más peso e impacto.
- **Enfócate en el futuro y en las posibilidades:** Inspirar implica mirar hacia adelante y hablar sobre lo que se puede lograr, en lugar de quedarte estancado en los problemas actuales. En lugar de centrarte en lo que está mal o en lo que no funciona, habla sobre lo que es posible si se sigue tu recomendación o se adopta una

determinada postura. Este enfoque hacia las oportunidades futuras motiva a la otra persona a considerar soluciones creativas y a visualizar los beneficios a largo plazo.

- **Reconoce los logros o puntos positivos de la otra persona:** Al reconocer lo que la otra persona ha hecho bien o los puntos válidos que ha presentado, generas un ambiente de respeto mutuo. Esto abre la puerta para que la otra parte se sienta valorada y esté más receptiva a tus argumentos. Además, al inspirar confianza en las capacidades de la otra persona, fomentas una mayor apertura para considerar tus ideas y trabajar juntos hacia una solución.

- **Utiliza un lenguaje motivacional y positivo:** El lenguaje que utilizas en una discusión puede marcar la diferencia entre una conversación inspiradora y una confrontativa. En lugar de centrarte en lo negativo o en lo que está mal, usa un lenguaje que promueva el optimismo, el cambio y la superación de obstáculos. Frases como "imagina si pudiéramos..." o "juntos podemos lograr..." invitan a la otra persona a visualizar un futuro mejor y a formar parte de la solución.

- **Sé empático y comprensivo:** Para inspirar a alguien, primero debes demostrar que comprendes sus preocupaciones y emociones. Escucha activamente y muestra empatía por lo que la otra persona está sintiendo. Cuando se sienten comprendidos, es más probable que se abran a tus ideas y se dejen inspirar por tu visión.

- **Destaca el impacto más amplio o el propósito:** Una de las formas más efectivas de inspirar es conectar la discusión con un propósito mayor o con el impacto positivo que puede tener en otras personas o en la sociedad. Por ejemplo, si estás discutiendo sobre una decisión de trabajo, podrías hablar sobre cómo esa decisión no solo beneficiará a los involucrados directamente, sino también a los clientes o a la comunidad. Mostrar que tu postura tiene un impacto más allá del interés propio puede motivar a la otra persona a considerar tu punto de vista.

Las personas siempre se sienten más inclinadas a cambiar de opinión o a comprometerse cuando son motivadas emocionalmente, especialmente cuando sienten que lo que están discutiendo tiene un propósito significativo o conecta con sus creencias más profundas, esto subraya la importancia de inspirar no solo con lógica, sino también con significado.

En resumen, inspirar en tus conversaciones te permite ganar una discusión no solo por la fuerza de tus argumentos, sino también por la capacidad de motivar y conectar emocionalmente con la otra persona. Al centrarte en valores comunes, contar historias poderosas, mostrar pasión y utilizar un lenguaje positivo, puedes llevar la discusión a un nivel más profundo y significativo. Inspirar a otros no es solo una técnica para persuadir, sino una forma de crear un impacto duradero y lograr que las personas no solo consideren tu punto de vista, sino que también lo adopten con entusiasmo y compromiso.

Conclusión

En este libro hemos recorrido un camino integral para aprender a iniciar, mantener y ganar conversaciones de manera efectiva, persuasiva y respetuosa. Desde el primer capítulo hasta el último, hemos explorado técnicas y estrategias clave para dominar el arte de la comunicación, una habilidad esencial en cualquier ámbito de la vida.

En el **Capítulo 1**, entendimos por qué es fundamental saber conversar y cómo una conversación eficaz puede transformar nuestras relaciones personales y profesionales. Aprendimos a dar mensajes claros y a utilizar las leyes de la persuasión para llevar nuestras ideas más lejos, aplicando principios como la reciprocidad, la coherencia, la autoridad, la simpatía y la escasez. Estas herramientas no solo nos permiten ser más persuasivos, sino que también nos ayudan a construir conexiones genuinas.

El **Capítulo 2** nos proporcionó tácticas prácticas para iniciar y mantener conversaciones de manera fluida y efectiva. Desde la importancia de presentarnos de forma adecuada y evitar el negativismo, hasta el uso de cumplidos y la capacidad de mostrar interés genuino por lo que el otro tiene que decir. Además, comprendimos cómo mantener una conversación viva, evitando silencios incómodos y reconociendo las señales de aburrimiento para cambiar de tema de manera inteligente. Aprender a finalizar una conversación de manera positiva y memorable fue otra habilidad valiosa que nos ayudó a fortalecer nuestras interacciones.

En el **Capítulo 3**, abordamos el análisis del lenguaje corporal, un aspecto esencial para cualquier conversación exitosa. El lenguaje no verbal a menudo dice más que las palabras, y saber interpretar señales como el contacto visual, la postura, el tono de voz y los gestos nos dio una ventaja para comprender mejor a los demás y adaptarnos a sus señales. Entender el poder de la sonrisa, el uso adecuado de pausas y cómo imitar de manera sutil el lenguaje corporal del otro nos brindó una comprensión más profunda de la comunicación no verbal.

El **Capítulo 4** fue clave para superar las barreras que impiden una conversación fluida. Analizamos los problemas comunes como hablar demasiado despacio, no vocalizar correctamente, repetir palabras, usar muletillas, y la importancia de mejorar nuestra dicción y ritmo al hablar. Aprender a identificar estas dificultades y aplicar ejercicios prácticos nos permitió hablar de manera más clara, segura y fluida, lo que refuerza nuestra confianza en cualquier conversación.

Finalmente, el **Capítulo 5** nos brindó las claves para ganar una discusión en cualquier tema, con un enfoque centrado en el respeto y la persuasión inteligente. Nos adentramos en técnicas como evitar gritar o ofender, escuchar las emociones de los demás, respetar sus creencias y reaccionar de manera constructiva ante un "NO". También aprendimos cómo inspirar en nuestras conversaciones, conectando con los valores y emociones de los demás para crear un impacto duradero y positivo en la conversación.

Este libro es una guía completa para convertirte en un maestro de la conversación. Ya sea que desees persuadir a alguien en un debate, construir relaciones más sólidas, o simplemente ser mejor entendido, estas tácticas te permitirán comunicarte con mayor claridad, empatía y efectividad. Dominar estas técnicas no solo te ayudará a lograr tus objetivos, sino que también mejorará la calidad de tus interacciones en todos los aspectos de tu vida.

¡Nos vemos pronto, quizás podamos iniciar una conversación!

WEST OF THE MOUNTAINS, EAST OF THE SEA

HarperCollins*Publishers*
77–85 Fulham Palace Road,
Hammersmith, London W6 8JB

www.tolkien.co.uk

www.tolkienestate.com

Published by HarperCollins*Publishers* 2010
1

First published in Great Britain by
HarperCollins*Publishers* 1994

Text Copyright © Brian Sibley 1994, 2003, 2010
Illustrations copyright © John Howe 1994, 2003, 2010
Original map by Christopher Tolkien copyright © The Trustees
of The J.R.R. Tolkien 1967 Settlement 1954, 1955, 1966, 1980

Brian Sibley asserts the moral right to be
identified as the author of this work.

John Howe asserts the moral right to be
identified as the illustrator of this work.

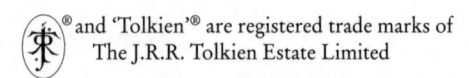

® and 'Tolkien'® are registered trade marks of
The J.R.R. Tolkien Estate Limited

ISBN 978 0 00 731270 2

Printed and bound in Great Britain by
Clays Limited, St Ives plc

All rights reserved. No part of this publication may be reproduced,
stored in a retrieval system, or transmitted, in any form or by
any means, electronic, mechanical, photocopying, recording or
otherwise, without the prior permission of the publishers.

WEST OF THE MOUNTAINS, EAST OF THE SEA

The Map of Tolkien's Beleriand

Text by Brian Sibley

Illustrated by John Howe

HarperCollins*Publishers*

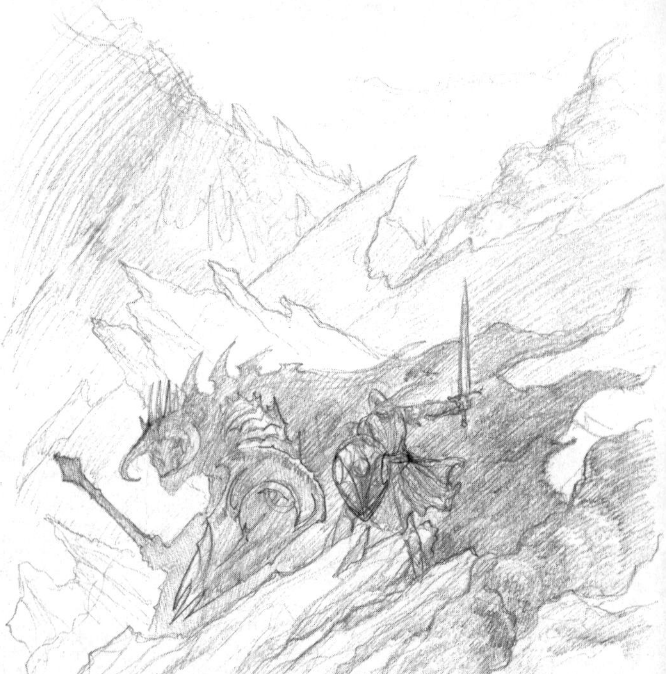

Introduction

ABOUT THE MAPPING OF MIDDLE-EARTH

B ilbo Baggins loved maps; in his hall at Bag End, we are told, there hung a large map of the Country Round, 'with all his favourite walks marked on it in red ink.' J.R.R. Tolkien also loved maps and they were to play an important part in the writing of his history of Middle-earth.

A map is a record of a very specific moment in time: the end-product of centuries of history, geography and language and every map plots the limits of the map-maker's knowledge. That is why on the earliest maps those parts as yet unexplored were left blank or marked with such cautions as 'Here there be dragons'. Of course, on *some* maps, such information might, indeed, have been accurate: after all, when Bilbo looked at Thror's Map he saw the dragon, Smaug, clearly marked in red, flying above the Lonely Mountain!

Ever since men have been making maps of the world around them, they have also been mapping the worlds of the imagination: from Eden to Hell, from Utopia to Never Land; from the islands discovered by Gulliver on his travels, to Jim Hawkins' Treasure Island; from Oz and Narnia to Earthsea, and Discworld. No place, in fact, is too fantastical for the imaginative cartographer.

An early example of J.R.R. Tolkien's fascination with cartography can be seen in a *real* rather than a fictional map, made in France during the First World War. A graduate in language studies from Oxford, Tolkien demonstrated his skills in map-making by charting enemy trenches in the Battle of the Somme with neatly penned roads, tracks, dug-outs and rows of small red crosses signifying barbed wire.

When trench-fever invalided Tolkien out of this war (in which two of his closest friends and so many of his generation were killed), he began work on an ambitious literary project – nothing less than the creation of a

ABOUT THE MAPPING OF MIDDLE-EARTH

mythology that he intended to dedicate, simply: to England. Taking a blue pencil, Tolkien wrote on the cover of a very ordinary looking notebook, 'The Book of Lost Tales'; and within its pages he began writing the first legend of what eventually became *The Silmarillion*.

Recalling the way in which the tales set in what he called 'Middle-earth' had developed, Tolkien said: 'Always I had the sense of recording what was already "there", somewhere: not of "inventing".' This process – crammed into what spare time he could find in a busy academic life – led Tolkien to 'record' one of his first fictional maps.

It was drawn on a sheet of examination paper from Leeds University (where Tolkien was Reader in English Language between 1920 and 1925), and in the top left-hand corner of the map are the printed words: 'Do not write on this margin', not that Tolkien the map-maker took any notice of that! Indeed, when, in 1937, he published *The Hobbit*, both of the maps in that book had left-hand margins that specifically *contained* writing – either in English or in Runes!

It was *The Hobbit* that provided the vital clue to the full 'discovery' of Middle-earth, although it was only after Tolkien had recounted the adventures of Bilbo Baggins to his children that he realised that 'the world into which Mr Baggins strayed' was, in fact, the very same Middle-earth of *The Silmarillion*, but in a much later age.

Tolkien drew his own illustrations for *The Hobbit* and he also made two maps. One, a facsimile of Thror's Map of the Lonely Mountain; the other map of 'Wilderland', the lands beyond the Edge of the Wild: the Misty Mountains, the Great River, the Old Forest Road, Mirkwood, the Desolation of Smaug, and beyond (indicated only by an arrow) the Iron Hills.

The Iron Hills would eventually be shown on other maps that Tolkien began charting when he embarked on writing a 'new *Hobbit*'. Also added later were the Sea of Rhûn, into which the River Running flowed; the Shire, where Bilbo and his adopted nephew, Frodo, had their home in Hobbiton; and all the country to the south of Wilderland. It would take twelve years for *The Hobbit* sequel to grow into *The Lord of the Rings* and it was for Tolkien a quest during which he was constantly making discoveries.

ABOUT THE MAPPING OF MIDDLE-EARTH

Not only was Bilbo's magic Ring a far more significant artefact than might have been supposed, but characters kept entering the narrative and demanding to be written about. When Frodo arrived at Bree and encountered 'Strider', even Tolkien wasn't initially sure where he had come from; and when, much later, Faramir crossed Frodo's path, Tolkien discovered not just a major new character for his story but, through him, much of the history of the people of Gondor.

As for the maps, they were *essential*. 'There are many maps in Elrond's house' Gandalf tells Pippin; and there were also many maps in Tolkien's house, to which he constantly referred whilst writing *The Lord of the Rings*. 'If you're going to have a complicated story,' he once explained, 'you must work to a map; otherwise you'll never make a map of it afterwards.'

The first attempt at creating a detailed map of Middle-earth was constantly being amended as Tolkien excavated and chronicled the history and culture of the Three Ages since its creation. As a result, locations shifted or were re-named, roads were diverted and rivers redirected.

WEST OF THE MOUNTAINS, EAST OF THE SEA

In fact, this repeatedly amended map comprised a number of pages, glued together and stuck down onto backing sheets with various new sections pasted on top! It was, as Christopher Tolkien (the author's son and assistant cartographer) puts it, 'a strange, battered, fascinating, extremely complicated and highly characteristic document.'

The inspiration for the place-names on the maps of Middle-earth came from Tolkien's knowledge of philology and fascination with the languages which he created; they were given antiquity by distances being measured in leagues, furlongs, ells and fathoms; and they were coloured by the narrative descriptions given by characters. For example, when the Fellowship leave Lothlórien, Celeborn tells them: 'As you go down the water, you will find that the trees will fail, and you will come to a barren country. There the River flows in stony vales amid high moors, until after many leagues it comes to the tall island of the Tindrock, that we call Tol Brandir...'

What, perhaps more than anything, gives Middle-earth a quality which Tolkien identified as an 'inner consistency

ABOUT THE MAPPING OF MIDDLE-EARTH

of reality', is its closeness to our own world. It is a place where the sun rises and sets as it does on earth, where the moon passes through phases; a place of mountain, forest, plain and fen, with fog, wind, rain and snow. Only the era and the presence of magical beings and powers separates Middle-earth from our earth. 'I have,' said Tolkien, 'placed the action in a purely imaginary (though not impossible) period of antiquity.'

These familiar geographical features were also present when Tolkien drew his first vision of the landscape of Middle-earth, or Beleriand that was, on a sheet of the very same examination paper on which he had written the first, well-known, words of *The Hobbit*. This map was produced when his ideas for the 'Silmarillion' were still a sketch and many of the stories had yet to unfold.

Christopher Tolkien recalls that although this was a working map 'not intended to endure' it remained in use for a number of years and became 'much handled and much altered'. This map acquired numerous extensions but while names and places were changed and re-sited, and lines of red, black and green ink would tangle with pencilled lines and blue-crayoned rivers, it is remarkable how much of the landscape would survive unchanged, particularly the course of the great rivers.

In this First Age of Middle-earth, Men had yet to make their mark upon the landscape, and there are relatively few settlements when compared with the map that accompanies *The Lord of the Rings*. This was a time when Elves were more numerous than Men, yet only the cities of Gondolin and Nargothrond, and the 'thousand caves' of Menegroth, intrude upon the natural wilderness of this early map. One doomful location that was not depicted on the finished map is the dungeon stronghold, Angband, underground lair of Morgoth, the first Dark Lord, atop which sat Thangorodrim, the Mountains of Tyranny. Though they and their monstrous denizens would cast such a catastrophic shadow across the rest of Beleriand, their precise location would remain nothing more than a dark rumour.

It was not just the names and places on the map that would change through the years; with the passing of years Tolkien continued to work on the many tales that comprised 'The Silmarillion'. Ultimately, it was

ABOUT THE MAPPING OF MIDDLE-EARTH

time that defeated him and when he died in 1973 his work on this great and complex achievement remained incomplete, and it was left to his son, Christopher, to bring to a published form those stories that his father had begun more than half a century earlier.

And it would also fall to Christopher Tolkien to prepare the final cartography for inclusion in *The Silmarillion* when the book was published in 1977. His map, like the one hanging in Bag End, featured strong lines, red-inked names and pictorial representations of mountains, hills, trees and citadels. Readers were finally able to see the world of Middle-earth in its earliest guise, a world begun as a sketch of ink and crayon by its creator fifty years before but now presented (as you can see it overleaf) in a form that would allow them to journey with the heroes and villains of the First Age.

BRIAN SIBLEY

HITHLUM
ERED LÓMIN
LAMMOTH
ERED WETHRIN
Lake Mithrim
MITHRIM
Mts of Mithrim
Cirith Ninniach
Firth of Drengist
DOR-LÓMIN
Tol Sirion
NEVRAST
Linaewen
Marshes of Nevrast
Vinyamar
Mount TARAS
IVRIN
River TEIGLIN
R. MALDUIN
Dry River
Brithiach
Amon Obel
FOREST
Crossings of Teiglin
Ravines of Teiglin
WEST BELERIAND
River GINGLITH
River NAROG
TALATH DIRNEN
Tumhalad
Amon Rûdh
FALAS
River NENNING
R. BRITHON
Brithombar
Realm of Nargothrond
R. Ringwil
Nargothrond
Fens of Sirion
Taur-en-Faroth
Falls of Sirion
Gates of Sirion
Eglarest
Barad Nimras
BELEGAER
Nan-Tathren
R. SIRION
ARVERNIEN
Woods of Nimbrethil
Birchwoods
Cape Balar
BAY OF BALAR
Isle of BALAR

N
LOTHLANN
Himring
March of Maedhros
Pass of Aglon
HIMLAD
Aros
Little Gelion
Greater Gelion
Mount RERIR
Lake HELEVORN
EREDLUIN (ERED LINDON)
THARGELION
River CELON
Nan Elmoth
ESTOLAD
BELERIAND
RIVER GELION
Mount DOLMED
Belegost
Nogrod
Dwarf Road
Sarn Athrad
River ASCAR (Rathlóriel)
OSSIRIAND
EREDLUIN
R. THALOS
Ramdal
Amon Ereb
River LEGOLIN
River BRILTHOR
River DUILWEN
TOL GALEN
River ADURANT
River GELION
LADROS
Aeluin
Dor Dínen
Menegroth
River AROS
MAP OF
BELERIAND
AND THE LANDS
TO THE NORTH
CJRT

West of the Mountains, East of the Sea:

ABOUT THE MAP OF BELERIAND

'In Beleriand in those days the Elves walked, and the rivers flowed, and the stars shone, and the night-flowers gave forth their scents.'

'In those days…' With that one phrase, J.R.R. Tolkien evoked the haunting mystery of the lands shown on this map. For this is a map from the past, from the world's First Age. The place is Middle-earth – that ancient continent where the adventures chronicled in *The Hobbit* and *The Lord of the Rings* took place – but the names were old long before Bilbo Baggins set out on his memorable journey 'there and back again' or his adopted heir,

Frodo, embarked on his perilous quest to destroy the One Ring.

Indeed, by Bilbo and Frodo's time, the Beleriand of 'those days' had long disappeared, sunk beneath the seas so that only its far eastern regions remained as the western coast of the world known to the hobbits. There were those who remembered the lands of

ABOUT THE MAP OF BELERIAND

Beleriand, and for some it was their destiny to play a part in the tale of the Ring-bearers from the Shire: Treebeard, Elrond, Galadriel and Celeborn as well as Sauron, the Dark Lord himself, whose tyrannical shadow stretched across the lands on this map long before he established his fearful stronghold in Mordor.

It was in 1914, that J.R.R. Tolkien wrote a poem entitled 'The Voyage of Earendel the Evening Star', and then began to think about the world where the story told in the poem might have taken place. Three years later, he embarked on the creation of an epic fantasy, a new and entirely original mythology. In the pages of a humble notebook the extraordinary *Book of Lost Tales* started to take shape: a series of connected stories aimed at providing what Tolkien felt to be lacking in the legends of his country.

This was the beginning of a slow, complex creative process that eventually resulted in the history of Middle-earth, but which involved the devising of languages and alphabets, the setting down of dates and genealogies as well as the essential task of making maps.

WEST OF THE MOUNTAINS, EAST OF THE SEA

Tolkien was a student of old languages and a lover of myths, legends and fairy-stories, and his own stories grew and multiplied like the leaves of a tree in springtime. Developing into a majestic cycle of interconnected legends Tolkien's 'Lost Tales' soon outgrew the notebook in which they were begun.

'The Silmarillion', as it became called, was constantly being added to and revised, until it acquired all the authenticity that comes with the minute – and sometimes conflicting – detail of *real* history. And for Tolkien, who believed that fantasy could offer 'a sudden glimpse of the underlying reality or truth,' Middle-earth *was* real.

The labour of chronicling these tales would take almost sixty years, during which time Tolkien became an Oxford professor and wrote *The Hobbit*, an adventure – as it later transpired – which took place within the realm of Middle-earth described in 'The Silmarillion'.

When the eager publishers clamoured for a sequel to *The Hobbit*, Tolkien hopefully sent them parts of

ABOUT THE MAP OF BELERIAND

his epic myth which, at the time, they rejected. He then began work on another book, about the later fate of the One Ring which Bilbo had acquired in *The Hobbit*, but relating this new story to those in 'The Silmarillion' required a lot more thought before *The Lord of the Rings* finally reached publication in 1954 and 1955.

As for 'The Silmarillion', Tolkien continued revising and expanding the work until his death in 1973, at which time it was still incomplete. It was finally published four years later, edited into shape by the author's son, Christopher Tolkien, who, over the next quarter of a century, edited many further volumes which charted his father's history of Middle-earth. *The Silmarillion* also contained a map of Beleriand by Christopher Tolkien which inspired John Howe to create his interpretation of those lands west of the mountains and east of the sea.

Every map is as potentially frustrating as it is helpful: either it will be drawn on a small scale which enables all the major geographical features to be included, but not much detail; or it will use a larger scale that makes it possible to put in lots of places and names but excludes vast territories beyond its edges.

The map of Beleriand falls into the second category, since it shows only a part of the world described in the early history of Middle-earth, and that during a comparatively short phase of its life. For example, there is no depiction of the island kingdom of Númenor, located between Middle-earth and the Undying Lands beyond the western sea, nor of those regions to the east which later appear in *The Hobbit* and *The Lord of the Rings*.

What the map of Beleriand *does* show (with the exception of the most northerly lands) are all those kingdoms in Middle-earth that were caught up in the devastating War of the Jewels that was waged, across many years, for the possession of the Silmarils, the three great gems which give 'The Silmarillion' its title.

In order to understand that lengthy conflict, however, it is necessary to know something of the events that

ABOUT THE MAP OF BELERIAND

had gone before, even though many of the places where they occurred are not depicted on this map.

In the beginning, Eru Ilúvatar, the Father of All, called into being the Ainur, or the Holy Ones, who joined with Ilúvatar in creating a Great Music in which the wondrous themes of Ilúvatar were interwoven with variations – some harmonious, some dissonant – devised by the Ainur.

Ilúvatar then gave substance to the music and from it made first Eä, the World, and Arda, the Earth. After which he gave form to his Children who were to dwell on Earth: Elves and Men, known as the Firstborn and the Followers.

Out of their love for Ilúvatar and his creation, some of the Ainur chose to go down into the World, to become part of its life and to watch over the destiny of Ilúvatar's Children. These were the Valar, the Powers of the World, and foremost amongst them was Manwë and his Queen, Varda Tintallë, the Star-kindler, who was later remembered in song by the Elves in *The Lord of the Rings*, as Elbereth Gilthoniel.

Whilst the Valar helped shape and bless the realm of Arda, one of their number, the rebellious Melkor, did his best to corrupt or destroy their work and to bend the creation to his own will. Despite every effort of the Valar, Melkor continued to build his strength in his dark stronghold, Utumno, where he bred many monstrous creatures.

Eventually the Valar went forth in force against Melkor and, after a lengthy siege, overthrew Utumno. Melkor was chained and taken to Valinor where he was tried and imprisoned in the halls of Mandos, from which there was no escape. After three ages had passed, however, Melkor – full of deceit – pleaded for his forgiveness and was pardoned. Then, in his anger and hatred, he began plotting his revenge, aided by his evil servants – and, in particular, his lieutenant, Sauron the Abhorred.

The Valar left Middle-earth for Aman, beyond the Sea of Belegaer in the west, where they founded their own kingdom. This became the Blessed Realm of Valimar, illuminated by the radiance of the Two Trees, Telperion and Laurelin. Then the Valar summoned

ABOUT THE MAP OF BELERIAND

the Elves (who, unlike Men, were intended by Ilúvatar to be immortal), to travel across Middle-earth to the sea, from where they would be taken to the Undying Lands in the west.

Some of the Elves made the journey, some refused, while others turned aside from the long road to linger by the Great Water, or to wander under the light of Varda's stars amongst the woods and mountains of Middle-earth.

The three kings of the Elves who went into the west to Aman were Ingwë King of the Vanyar, Olwë King of the Teleri and Finwë King of the Noldor. Finwë's eldest son, Fëanor, was to become the greatest of the Elves in arts and lore and it was he who made three magnificent Jewels, the Silmarils, in which he captured the light of the Two Trees of Valinor. But the envious Melkor, aided by a monstrous spider named Ungoliant (ancestor of Shelob in *The Lord of the Rings*), killed the Two Trees, murdered Finwë and stole the Silmarils.

ABOUT THE MAP OF BELERIAND

Against the counsel of the Valar, Fëanor led a great host of Elves in pursuit of Melkor, whom he renamed Morgoth, the Black Foe of the World. The way back to Middle-earth was fraught with many evils and the first of several wicked partings, betrayals and kin-slayings took place: acts of ruthlessness and greed that turned Elf against Elf and furthered Morgoth's dark purposes.

The returning Elves encountered not only those of their number who had remained in Beleriand but also the Followers, the race of Men (who like them had awoken in the lands to the east), and the Dwarves who had been shaped by Aulë, one of the Valar, but who were given life itself by Ilúvatar. The Elves made alliances with the Men and called upon the skills of the Dwarves in the making and rich decoration of their many-pillared underground halls as well as in the fashioning of exquisite jewellery and mighty weapons.

The Wars of Beleriand, in which the Elves and their allies fought the forces of Morgoth, are recounted in *The Silmarillion* along with the stories of Beren and

Lúthien, who entered Morgoth's stronghold and took back one of the Silmarils, and of the doomed Túrin Turambar, who slew Glaurung, the great and terrible dragon who served Morgoth.

As with the stories in *The Hobbit* and *The Lord of the Rings*, the events recorded in *The Silmarillion* are closely connected with – and shaped by – the physical geography of the world in which they take place.

There were the mountains: long, unbroken chains of rock. Some, like the sheer-sided peaks of Crissaegrim, were inaccessible to all but Manwë's eagles; others, such as the Blue Mountains (Ered Luin), might – with effort – be scaled. It was across this range that the Children of Ilúvatar first entered Beleriand while, in its eastern walls, the Dwarves delved marvellous citadels.

While some of Middle-earth's loftiest crests offered protection – such as the Encircling Mountains which hid the secret Elven city of Gondolin from the searching gaze of Morgoth – others, by their very

ABOUT THE MAP OF BELERIAND

names, spoke of danger and menace: the three thunderous towers, belching smoke and reek, called the Mountains of Tyranny (Thangorodrim), reared by Morgoth above the gate of the endless dungeons of Angband, as a defiant symbol of his authority. Or the Mountains of Terror (Ered Gorgoroth) beneath which, in shadowy ravines and gullies, the spider, Ungoliant, and her children lurked in the gloom, spinning their nightmarish webs.

There were also great hills. Sites of encampments and lookouts, places of refuge and hiding, these solitary sentinels stood in the midst of wide, windswept plains or raised their heads above the dense canopies of forests.

The woods of Beleriand – like those described in the other chronicles of Middle-earth – could be places of profound mystery, enduring power and deep enchantment. It was in a glade of the forest Nan Elmoth that Thingol the Elf (then named Elwë), heard the singing of Melian of the race of the Valar and was filled with wonder and love.

Thingol wed Melian and ruled the woodland realm of Doriath from Menegroth, the Thousand Caves. Melian cast an unseen wall of shadow and bewilderment around these forests to act as a girdle of protection for their realm. It was in Doriath's Forest of Neldoreth that a man, Beren, first saw Lúthien, daughter of Melian and Thingol, and was captivated by her beauty and singing as she danced under moonrise beside the waters of the River Esgalduin.

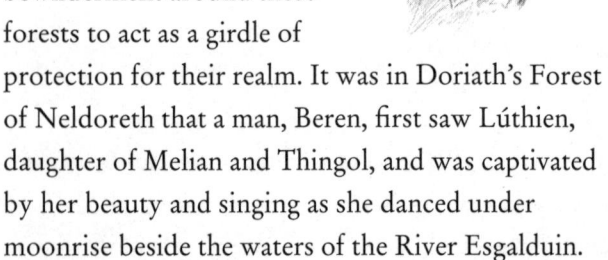

There were many other rivers in Beleriand as well as vast lakes, treacherous marshlands, tarns, streams and rushing torrents. It was along the shore of the Firth of Drengist that Fëanor's returning Elves began their exploration of Middle-earth. It was

ABOUT THE MAP OF BELERIAND

beside the course of the River Ascar, far away in the east, that the Dwarves made the road by which they travelled from the Blue Mountains into the western lands. And it was along the rocky bed of the Dry River that a secret way was found to the hidden plain where Turgon built the mighty white-walled city of Gondolin.

Many desperate deeds were acted out beside the rivers of Beleriand. In a deep gorge of the River Teiglin, Túrin fought and slew the dragon, Glaurung. Túrin was wounded in the struggle and when his sister-wife, Niënor, discovered his body, she supposed him to be dead and hurled herself into the Teiglin's rushing waters. It was also to this doomful site that the despairing Túrin later returned in order to kill himself.

The greatest of the rivers was the Sirion, flowing down from the mountains of the north, through forest and fenland before cascading over falls and plunging beneath the ground to emerge with a roar of foam and spray at the Gates of Sirion.

WEST OF THE MOUNTAINS, EAST OF THE SEA

On its northern course, the river divided around the island of Tol Sirion where Finrod Felagund built his Tower of Watch, Minas Tirith (a name also given, in a later age, to the City of Gondor). Seized by Sauron, the island became known as the Isle of Werewolves, and it was here that Lúthien and Huan, the wolfhound of Valinor, battled to free Beren from Sauron's dungeons.

North and east of these mountains, woods and rivers lay lands defiled by Morgoth: the desolate plain of Anfauglith, the Gasping Dust, and the burnt highlands of Taur-nu-Fuin, where the trees were black and grim with tangled roots groping in the dark like claws; devastated wastes, foreshadowing Sauron's Mordor in *The Lord of the Rings*.

And *beyond* the lands of Beleriand, lay the Western Sea and the watery road to those places not shown on this map: Elven Eressëa, Alqualondë and Tirion of the many towers and, beyond them, Valimar the golden, where in the days of darkest struggle with Morgoth, Eärendil the Mariner came as emissary of both Elves and Men to ask the Valar for deliverance.

ABOUT THE MAP OF BELERIAND

The Valar sent Eärendil to sail the seas of heaven with Lúthien's Silmaril shining on his brow as a star, and his prayer for aid was granted. Thus began the War of Wrath, in which most of the lands on this map were lost beneath the invading ocean, so that the Elves of story and song walked in Beleriand no more.

In one of the early chapters of *The Lord of the Rings*, Frodo hums an old walking-song taught to him by his uncle, Bilbo. One verse begins:

> *Still round the corner there may wait*
> *A new road or a secret gate,*
> *And though we pass them by today,*
> *Tomorrow we may come this way*
> *And take the hidden paths that run*
> *Towards the Moon or to the Sun...*

They are words that reflect the sense of adventure – with its pleasures and perils, sudden excitements and unexpected dangers – found in all Tolkien's books and which drove him to keep exploring, and then mapping, the worlds which his imagination had discovered.

34

PLACES ON THE MAP
OF BELERIAND

ADURANT,
'Double Stream'; the sixth and most southerly of the tributaries of the River GELION, which divided – midway along its course – around the island, TOL GALEN.

AELIN-UIAL,
'The Meres of Twilight'; the lakes south of the meeting place of the Rivers AROS and SIRION.

AELUIN,
see TARN AELUIN

AGLON,
see PASS OF AGLON

AMON EREB,

'The Lonely Hill', where Denethor died aiding Thingol in his struggles against the Orcs and where Maedhros dwelt after the Fifth Battle.

AMON OBEL,

a hill in the middle of the Forest of BRETHIL where, at Ephel Brandir ('The encircling fence of Brandir') lived the Men of Brethil. Túrin dwelt here and married Niënor, not knowing that she was his sister.

AMON RÛDH,

'The Bald Hill', to the south of BRETHIL, beneath which was the cavern home of Mîm the Petty-dwarf. It was here that Túrin and the outlaw band lived and were joined by Beleg, Thingol's marchwarden from DORIATH. Attacked by Morgoth's Orcs, Beleg was wounded and Túrin taken prisoner.

PLACES ON THE MAP OF BELERIAND

ANACH,
see PASS OF ANACH

ANDRAM,
'The Long Wall'; a range of hills – running west to east from NARGOTHROND to RAMDAL – forming a dividing escarpment between the northern and southern regions of BELERIAND.

ANFAUGLITH,
'The Gasping Dust'; a great desert to the north, originally called ARD-GALEN ('The Green Region'), but renamed after its devastation by Morgoth. To its north, but not shown on this map, was Morgoth's underground stronghold, Angband, where he forged the iron crown in which he set the Silmarils stolen from Fëanor of the Elves. For a time Angband was unroofed by the Valar, but Morgoth delved it anew and raised the threefold peaks of Thangorodrim in its defence. Fingolfin, High King of the Noldor, was slain in a duel with Morgoth before its gates;

while in its deepest hall, Beren and Lúthien cut one of the Silmarils from Morgoth's crown. After the overthrow of Morgoth in the 'Great Battle', the two remaining Silmarils were stolen by Maedhros and Maglor, before being cast away: one into a chasm of fire, the other into the sea.

ARD-GALEN,
'The Green Region'; later renamed ANFAUGLITH.

PLACES ON THE MAP OF BELERIAND

AROS,
river flowing from DORTHONION along the southern borders of DORIATH to join the River SIRION at AELIN-UIAL.

AROSSIACH,
'The Fords of Aros', used by Aredhel and Maeglin when they fled from Eöl the Dark Elf to GONDOLIN.

ARVERNIEN,
the coastal lands of Middle-earth west of the MOUTHS OF SIRION.

ASCAR,
river (later called Rathlóriel), beside which ran the DWARF ROAD. Rising in ERED LUIN, it joined the River GELION south of SARN ATHRAD.

BARAD NIMRAS,
'White Horn Tower', built by Finrod Felagund on the cape to the west of EGLAREST to keep

watch against invasion from the sea. The tower eventually fell, following the Fifth Battle, to a land attack by Morgoth.

BAY OF BALAR,
broad bay at the outlet of the River SIRION.

BELEGAER,
'The Great Sea' between Middle-earth and Aman, the Blessed Realm, where the Valar dwelt in Valinor.

BELEGOST,
'Great Fortress'; one of two Dwarf cities (with NOGROD) built in the eastern walls of ERED LUIN and known to the Dwarves as Gabilgathol.

BELERIAND,
the name (meaning the 'country of Balar') given first to the region around the MOUTHS OF SIRION facing the ISLE OF BALAR, but

PLACES ON THE MAP OF BELERIAND

which later came to mean all those lands south of HITHLUM from the western sea-coast to ERED LUIN, divided into East and West Beleriand by the River SIRION. At the end of the First Age, Beleriand was broken by great upheavals and flooded by the sea. Only OSSIRIAND remained, eventually becoming the Forlindon and Harlindon depicted on the maps in *The Lord of the Rings*.

BIRCHWOODS OF NIMBRETHIL,
see NIMBRETHIL.

BRETHIL,
forest growing between the Rivers TEIGLIN and SIRION which became the home of the men known as the Haladin, or the People of Haleth.

BRILTHOR,
'Glittering Torrent'; the fourth tributary of the River GELION.

BRITHIACH,
a ford crossing the River SIRION north of the Forest of BRETHIL. Here Húrin and Huor were cut off by an army of Orcs until Ulmo, the Vala, raised a mist from the Sirion which hid them from their enemies and enabled them to escape into DIMBAR.

PLACES ON THE MAP OF BELERIAND

BRITHOMBAR,
northern haven of the Falathrim, Telerin Elves (ruled by Círdan the Shipwright) who refused the summons to Aman and became Middle-earth's first mariners. The city was sacked by Morgoth's army following the Fifth Battle.

BRITHON,
river flowing down to the Great Sea at BRITHOMBAR.

CAPE BALAR,
a promontory in the BAY OF BALAR, facing south towards the ISLE OF BALAR.

CELON,
stream rising at HIMRING (its name means 'stream flowing down from the heights') flowing south-west, past NAN ELMOTH, to join the River AROS by the Forest of REGION.

CIRITH NINNIACH,

'Rainbow Cleft'; the route by which Tuor came to the Western Sea after leaving the caves of Androth.

CRISSAEGRIM,

a range of inaccessible mountain peaks south of GONDOLIN. Here Thorondor, King of the Eagles, built his eyries and, seeing Húrin and Huor wandering lost below the southern slopes, sent two eagles to carry them to the hidden city. Later, following his release from Angband, Húrin returned to these peaks in an unsuccessful attempt to find his way to Gondolin once more.

CROSSINGS OF TEIGLIN,
the point at which the old road running south from the Pass of SIRION crossed the River TEIGLIN. Here Túrin encountered Niënor (who was under an enchantment of the dragon, Glaurung) and fell in love with her without knowing that she was his sister.

DIMBAR,
an uninhabited region south of the peaks of CRISSAEGRIM.

DOLMED,
see MOUNT DOLMED

DOR DÍNEN,
'The Silent Land'; an empty region between the upper waters of the Rivers ESGALDUIN and AROS.

DORIATH,
'Land of the Fence', a name referring to its girdle of protecting enchantment; the greatest realm of the Sindar, comprising chiefly the Forests of NELDORETH and REGION and ruled by Thingol and Melian. Visiting Doriath's city of MENEGROTH inspired Finrod to build his own city of NARGOTHROND. In Doriath too Finrod's sister, Galadriel, met Celeborn with whom she later ruled in Lórien, as is told in *The Lord of the Rings*. On Doriath's borders Lúthien encountered the wolfhound, Huan, with whose aid she rescued Beren from Sauron's dungeons in Tol-in-Gaurhoth. It was also in Doriath that Huan fought Morgoth's wolf, Carcharoth, and – after the Silmaril had been recovered – Beren met his first death.

DOR-LÓMIN,

region in the southern part of HITHLUM. The territory of Fingon, son of Fingolfin, its lordship was given to Hador Lórindol of the race of Men.

DORTHONION,

'The Land of Pines'; stretching sixty leagues from east to west, this highland was held by Angrod and Aegnor, Finarfin's sons, and was later known as TAUR-NU-FUIN, 'The Forest under Nightshade'. It was taken by Morgoth's forces in the Fourth Battle (known as the Battle of Sudden Flame). Many lives were lost, but Barahir, the father of Beren, rescued Finrod Felagund.

DRY RIVER,

the course of a river that once flowed under the Encircling Mountains from the lake that afterwards became Tumladen, the plain around the secret city of GONDOLIN. It was the hidden way by which Aredhel and her son, Maeglin, entered Gondolin, followed by her husband, Eöl, the Dark Elf, who killed his wife and was put to death in punishment.

DUILWEN,
the fifth tributary of the River GELION.

DWARF ROAD,
built by the Dwarves when they set out from the cities of BELEGOST and NOGROD to venture into BELERIAND. It ran alongside the River ASCAR and crossed the River GELION at SARN ATHRAD.

EAST BELERIAND,
see BELERIAND

EGLAREST,
southern haven of the Falathrim, the seafaring Elves of the FALAS. Like BRITHOMBAR, it

was razed by Morgoth after the Battle of Unnumbered Tears.

EITHEL SIRION,
'Sirion's Well', in the eastern face of ERED WETHRIN. From hills near here, Fëanor's son, Celegorm, drove an army of Orcs into the FEN OF SERECH during the Second Battle in the Wars of BELERIAND. This was later the site of the Noldorin fortress, Barad Eithel, the 'Tower of the Well'.

ERED GORGOROTH,
'The Mountains of Terror', where 'life and light were strangled' and where the waters were so poisonous that anyone who drank from them would be 'filled with shadows of madness and despair.'

ERED LINDON,
see ERED LUIN

THE MAP OF TOLKIEN'S BELERIAND

ERED LÓMIN,
'The Echoing Mountains', pierced by the
FIRTH OF DRENGIST.

ERED LUIN,
'The Blue Mountains' (also known as Ered Lindon), across which the Children of Ilúvatar, Elves and Men, entered BELERIAND from the east, to be followed, later, by the Dwarves who built their cities, BELEGOST and NOGROD, in the mountains' eastern side.

ERED WETHRIN,
'The Mountains of Shadow', bordering ANFAUGLITH and forming a barrier between south HITHLUM and West BELERIAND. Fëanor, mortally wounded by Gothmog, Lord of the Balrogs, was being carried up the slopes of these mountains when he saw the three peaks of Thangorodrim, cursed Morgoth and died.

PLACES ON THE MAP OF BELERIAND

ESGALDUIN,
'River under Veil', flowing from ERED GORGOROTH between the Forests of NELDORETH and REGION to join the River SIRION. On its eastern bank were the gates of MENEGROTH, approachable only by a great stone bridge. It was beside this river that Beren of the race of Men first saw Lúthien, daughter of Thingol and Melian.

ESTOLAD,
'The Encampment'; the land south of NAN ELMOTH where the Men of the followings of Bëor and Marach lived after entering BELERIAND from the east.

FALAS,
the western coasts of BELERIAND south of MOUNT TARAS and north of ARVERNIEN, on which stood the havens of BRITHOMBAR and EGLAREST.

FALLS OF SIRION,

the waterfall where the River SIRION plunged from AELIN-UIAL to disappear into great tunnels before emerging, three leagues to the south, at the GATES OF SIRION.

FEN OF SERECH,

marsh at the confluence of the Rivil and the SIRION, north of the Pass of SIRION. Here Fëanor's son, Celegorm, defeated an army of Orcs; and it was behind this fen, during the Fifth Battle, Nirnaeth Arnoediad, that Huor and Húrin made their last stand to guard the retreat of Turgon to GONDOLIN. Huor was slain, but Húrin was captured and dragged with mockery to Angband where Morgoth set him upon a stone seat on the side of Thangorodrim to witness the ruin of BELERIAND.

FENS OF SIRION,

marshlands south-west of DORIATH around the pools of AELIN-UIAL.

PLACES ON THE MAP OF BELERIAND

FIRTH OF DRENGIST,

a northern inlet of the Great Sea. Its mouth was where Fëanor's Noldor, pursuing Morgoth from Aman, disembarked from the ships that they had stolen from the Teleri. At Losgar (not shown) Fëanor burnt the ships thinking to keep Fingolfin and the children of Finarfin from following him: but his betrayed kindred came to Middle-earth despite him, crossing the sea on the ice-floes of the Helcaraxë. Years later, King Fingon of HITHLUM surprised an army of Orcs at the head of the firth and drove them into the sea; and when, long afterwards, Fingon was again battling Orcs, but was outnumbered, it was up this firth that Círdan the Shipwright led a fleet of Elves of FALAS putting Morgoth's army to flight.

GATES OF SIRION,

the rocky archway at the foot of the range of hills known as ANDRAM from which the River SIRION emerged from underground 'with great noise and smoke'.

GELION,

river rising in two branches in East BELERIAND: Little Gelion in HIMRING and Greater Gelion in MOUNT RERIR. Flowing southwards, it was fed by six rivers rising in ERED LUIN. Between the river's two northern arms was the ward of Maglor where, in one place, the hills ceased and provided a gateway through which Orcs from Morgoth's northern stronghold came into BELERIAND.

GINGLITH,

river rising in West BELERIAND and flowing south to join the River NAROG above NARGOTHROND.

GONDOLIN,

'The Hidden Rock'; the greatest and fairest city of the Noldor in exile, protected by the Encircling Mountains and built by King Turgon on Amon Gwareth, a hill of stone in the grassy plain of Tumladen (the bed of a vanished lake from which the DRY RIVER had once flowed into the River SIRION). Inspired by the city of Tirion in the Blessed Realm, Gondolin had high white walls, shining fountains and golden and silver images of the Two Trees which – until their destruction by Morgoth and Ungoliant – had given light to Valinor.

Tuor came to the city with a call from Ulmo for the people to abandon the city and go down the SIRION to the sea. King Turgon rejected the summons and Tuor remained in Gondolin where he married the king's daughter, Idril, who bore him a son, Eärendil. These three were among the few survivors when the whereabouts of the hidden city was betrayed to Morgoth by Maeglin and Gondolin fell to a great army of the Black Enemy's wolves, Orcs, Balrogs and dragons.

GREATER GELION,
see GELION.

HIMLAD,
'Cool Plain', south of the Pass of AGLON, the territory of Celegorm and Curufin, sons of Fëanor.

HIMRING,
'Ever-cold'; the wide-shouldered hill west of Maglor's Gap where Fëanor's eldest son, Maedhros, built his chief citadel.

HITHLUM,
'Land of Mist', through which Fëanor and the Elves of the Noldor passed on their way to MITHRIM. Following Fëanor's death, the Elves of the Noldor met emissaries of Morgoth to parley for peace and for the surrender of the Silmarils. But the Elves were ambushed and many were killed. Fëanor's eldest son, Maedhros, was taken hostage and held in Angband, after which his brothers fortified a great camp in this place. Here, too, came the Elves led by Fingolfin who had crossed to

Middle-earth by the Grinding Ice and whose son, Fingon (aided by the King of the Eagles), rescued Maedhros and so healed the rift between the two houses. Later, Tuor was held captive here by Lorgan, Chief of Hithlum's Easterlings.

IANT IAUR,
'The Old Bridge' (also referred to as the Bridge of Esgalduin), crossing the River ESGALDUIN to the north of DORIATH.

ISLE OF BALAR,

said to be a remnant of Tol Eressëa, the island on which Ulmo carried the Vanyar and Noldor and, later, many of the Teleri from BELERIAND to Aman in the west. Too much in love with the starlit sea, the Teleri preferred not to complete the journey and the isle was halted, rooted to the ocean bed in the Bay of Eldamar (Elvenhome) by Ulmo's servant, Ossë. The Elves eventually relented, building great white ships in which they sailed to Aman under the guidance of Ossë, who gave them many strong-winged swans to pull their vessels. Elves from NARGOTHROND later explored Balar as a potential refuge if Morgoth's evil should overrun Beleriand; and it was from Balar's shores that messengers of Turgon, King of GONDOLIN, embarked on fruitless quests for Valinor to seek the pardon and help of the Powers against Morgoth. The Isle became the last sanctuary for those Elves fleeing the Havens after the devastation of the Fifth Battle.

PLACES ON THE MAP OF BELERIAND

IVRIN,
the lake and waterfalls below the southern walls of ERED WETHRIN, the source of the River NAROG. It was near these falls that Finrod Felagund and Beren killed a company of Orcs and, by Finrod's craft, assumed the likenesses of Orcs to aid their journey towards Morgoth's stronghold at Angband. After Túrin had accidentally killed his friend Beleg Strongbow, a draught of the Ivrin's crystal water healed his grieving madness.

LADROS,
lands to the north-east of DORTHONION (TAUR-NU-FUIN) which the Noldorin Kings granted to the Men of the House of Bëor.

LAKE HELEVORN,
'Black Glass'; a lake – deep and dark – below MOUNT RERIR in the north of THARGELION, on the shore of which dwelt Caranthir.

LAKE MITHRIM,

a lake in HITHLUM beside which Fëanor's Noldor made their first encampment on their return to Middle-earth.

LAMMOTH,

'The Great Echo'; the land to the north of the FIRTH OF DRENGIST. Its name refers to the echoes of Morgoth's terrible cry when he became ensnared in the dark webs of Ungoliant the spider.

LEGOLIN,

the third tributary of the River GELION, rising in ERED LUIN.

LINAEWEN,

'Lake of Birds'; the great mere of NEVRAST inhabited by a multitude of those birds that love 'tall reeds and shallow pools'.

PLACES ON THE MAP OF BELERIAND

LITTLE GELION,
see GELION

LOTHLANN,
'The wide and empty'; the great plain to the north of the MARCH OF MAEDHROS.

MALDUIN,
'Yellow River', rising in ERED WETHRIN and joining the River TEIGLIN to the west of the Forest of BRETHIL.

MARCH OF MAEDHROS
(also called 'The Eastern March'), open lands to the north of the headwaters of the River GELION, held by Maedhros, son of Fëanor, and his brothers in readiness against an attack upon East BELERIAND.

MARSHES OF NEVRAST,
marshlands surrounding LINAEWEN, the 'Lake of Birds'.

MENEGROTH,

'The Thousand Caves'; the hidden halls of Thingol and Melian, built with the aid of Dwarves on the east bank of the River ESGALDUIN; the fairest dwelling of any king in Middle-earth, filled with carvings and tapestries and lit with lanterns of gold. Here, in a smithy deep below the halls, Thingol was slain by Dwarves of NOGROD lusting for the Silmaril won from Morgoth by Beren and Lúthien. The jewel was recovered and Thingol's assassins were caught and killed, but an army of the Dwarves' kindred attacked and plundered the city in vengeance. Dior, son of Beren, having inherited both the Silmaril and Thingol's throne, re-established Menegroth only to be slain in his turn when the sons of Fëanor assailed DORIATH, claiming the jewel for themselves. Dior's daughter, Elwing, eluded the Noldor and escaped with the Silmaril to the MOUTHS OF SIRION.

PLACES ON THE MAP OF BELERIAND

MINDEB,
a tributary of the River SIRION, rising under the southern walls of CRISSAEGRIM and flowing south between DIMBAR and the Forest of NELDORETH.

MITHRIM,
the region chosen by Fëanor for his encampment on the return of the Noldor from the Blessed Realm. Before the camp was completed or put in defence, Orcs attacked by night and the Second Battle of the Wars of BELERIAND was fought: a conflict named Dagor-nuin-Giliath, 'The Battle-under-Stars'. This territory was later inhabited by Fingolfin's folk, who dwelt by the shores of LAKE MITHRIM.

MOUNTAINS OF MITHRIM,
a range of peaks separating MITHRIM from DOR-LÓMIN.

MOUNT DOLMED,

'Wet Head'; mountain beneath the shoulder of which ran the DWARF ROAD.

MOUNT RERIR,

mountain standing to the north of LAKE HELEVORN, from where the Greater GELION flowed south-west. The lands in the region were held by Caranthir, Fëanor's son.

MOUNT TARAS,

mountain on the westernmost promontory of NEVRAST, beneath which Turgon dwelt at VINYAMAR until his departure to GONDOLIN.

MOUTHS OF SIRION,

outlets of the River SIRION, beside which, for a time, dwelt many of the Teleri who did not sail west to Aman, under the kingship of Thingol's brother, Olwë. Instructed by Ossë, they came to love the sea and its music, which inspired their exquisite singing. On these shores, Eärendil built his ship Vingilot, 'Foam-flower', in which he sailed to the Blessed Realm.

NAN DUNGORTHEB,
'The Valley of Dreadful Death' (between ERED GORGOROTH and DORIATH); so named because of the horror bred there by the spider, Ungoliant.

NAN ELMOTH,
forest to the east of the River CELON, where Thingol (then called Elwë) was enchanted by the singing of Melian and was lost to the rest of his Elven company, who sailed into the west without him. Thingol and Melian married and ruled in splendour in the 'hidden halls' of MENEGROTH. Later, the smith, Eöl (the Dark Elf) made his home here and ensnared Aredhel, the White Lady of GONDOLIN, whom he wed and who bore him a son, Maeglin.

NAN-TATHREN,

'Willow Vale' or 'Land of the Willows' on the southern course of the River SIRION, where it was joined by the River NAROG. Tuor, Idril and Eärendil rested here following their flight from the destruction of GONDOLIN.

NARGOTHROND,

the great underground fortress on the River NAROG, situated in the caverns of the gorge under the wooded highlands called the High Faroth or TAUR-EN-FAROTH, it was inspired by Thingol's carved halls at MENEGROTH and built by Finrod assisted by the Dwarves of ERED LUIN, who gave him the name Felagund, 'cave-hewer'. From here, Finrod later accompanied Beren on his quest to seize one of the Silmarils from the iron crown of Morgoth. Lúthien was held captive here until – aided by the hound, Huan – she escaped and went in search of Beren. The city was eventually destroyed by Glaurung, the Father of Dragons, and a great host of Orcs.

PLACES ON THE MAP OF BELERIAND

THE MAP OF TOLKIEN'S BELERIAND

NAROG,
river rising at IVRIN, under the southern walls of ERED WETHRIN, and flowing past Finrod's halls at NARGOTHROND to join the River SIRION in NAN-TATHREN.

NELDORETH,
a mighty forest of beech trees forming the northern part of DORIATH, this was the birthplace of Lúthien, daughter of Thingol and Melian.

NENNING,
river rising in the hills of West BELERIAND and flowing down to the Great Sea at the Haven of EGLAREST.

NEVRAST,
'Hither Shore'; the region between ERED LÓMIN and the western sea, for many years held by Turgon, son of Fingolfin.

PLACES ON THE MAP OF BELERIAND

NIMBRETHIL,
birchwoods in ARVERNIEN to the east of CAPE BALAR.

NIVRIM,
'The West March', woodland west of the River SIRION which contained many great oak trees.

NOGROD,
or 'Hollowbold' (hollow dwelling); one of the two great cities of the Dwarves (the other being BELEGOST) built in the eastern side of ERED LUIN. The Dwarvish name for the city was Tumunzahar.

OSSIRIAND,
'Land of Seven Rivers' (the GELION and its six tributaries), inhabited by the Green-elves, whose singing could be heard beyond the River Gelion. The Noldor, as a result, called the land 'Lindon', or 'The Land of Music', and the mountains of ERED LUIN they named ERED LINDON.

THE MAP OF TOLKIEN'S BELERIAND

PASS OF AGLON,
'The Narrow Pass' between HIMRING and DORTHONION which provided a gate to DORIATH and was fortified and held by Celegorm and Curufin.

PASS OF ANACH,
leading out of TAUR-NU-FUIN between the walls of CRISSAEGRIM and the western peaks of ERED GORGOROTH.

RAMDAL,
'Wall's End', where the dividing fall of ANDRAM came to an end, west of AMON EREB.

RAVINES OF TEIGLIN,
through which the River TEIGLIN flowed south of the Forest of BRETHIL. The woodland west of the River SIRION between its confluence with the Teiglin and AELIN-UIAL, contained many great oak trees and was called NIVRIM, 'The West March'.

PLACES ON THE MAP OF BELERIAND

REALM OF NARGOTHROND,
the Noldorin kingdom straddling the river
NAROG, ruled from NARGOTHROND
by Finrod.

REGION,
dense forest lands in the southern part of
DORIATH.

RERIR,
see MOUNT RERIR

RINGWIL,
stream which 'tumbled headlong' from the
High Faroth to join the River NAROG as
it flowed past the Elven city of
NARGOTHROND.

RIVIL'S WELL,
the source of the Rivil, a stream which fell
northwards to join the waters of the River
SIRION in the FEN OF SERECH. Here Beren

slew the Orc captain responsible for the death of his father, Barahir.

SARN ATHRAD,
'The Ford of Stones', where the DWARF ROAD crossed the River GELION: the place where Beren and Green-elves from OSSIRIAND ambushed the Dwarves of NOGROD as they returned from their sack of MENEGROTH. Beren took the recovered Silmaril back with him to TOL GALEN, where the flame of the beauty of Lúthien as she wore it made the isle like a vision of Valinor.

SIRION,
'The Great River' of BELERIAND, rising at EITHEL SIRION, running along the outer reaches of ARD-GALEN, through the FEN OF SERECH and the pass between ERED WETHRIN and DORTHONION, around the isle of TOL SIRION, between BRETHIL and DIMBAR, through DORIATH and the FENS

OF SIRION, over the FALLS OF SIRION and through the willow-meads of NAN-TATHREN to the BAY OF BALAR.

TALATH DIRNEN,
'The Guarded Plain'; part of the REALM OF NARGOTHROND to the east of the River NAROG, laid waste by the dragon, Glaurung.

TARAS,
see MOUNT TARAS

TARN AELUIN,
a moorland lake by which Barahir and the Men of DORTHONION lived as outlaws until discovered and slain by the forces of Morgoth's lieutenant, Sauron.

TAUR-EN-FAROTH,
wooded highlands (also known as the High Faroth) from where the River RINGWIL

plunged into the River NAROG above the site of the Elven city, NARGOTHROND.

TAUR-IM-DUINATH,
'The Forest between Rivers', situated south of the ANDRAM between the Rivers SIRION and GELION; a 'wild land of tangled forest' untravelled by all except a few wandering Dark Elves.

TAUR-NU-FUIN,
'The Forest under Nightshade', once called DORTHONION, 'The Land of Pines'. Here, Túrin mistakenly slew his friend Beleg Strongbow who was attempting to rescue him from Morgoth's Orcs.

TEIGLIN,
river rising in ERED WETHRIN, and flowing into the River SIRION in DORIATH. At Cabed-en-Aras, a deep gorge south of the CROSSINGS OF TEIGLIN, Túrin slew

PLACES ON THE MAP OF BELERIAND

Glaurung the dragon and Niënor, having learned that she was to bear the child of her brother, threw herself into the river. Later, Túrin returned to this place to kill himself. It was at this place of doom that Húrin, Túrin's father, having been released by Morgoth, was briefly reunited with his wife, Morwen.

THALOS,
river flowing from ERED LUIN to the River GELION, of which it was the second tributary. Near its springs, Finrod Felagund encountered Balan (later called Bëor) and the first Men to cross the Blue Mountains.

THARGELION,
'The Land beyond Gelion'; the region lying between the River GELION to the west and ERED LUIN to the east and between MOUNT RERIR in the north and the River ASCAR in the south. This was the territory of Fëanor's fourth son, Caranthir, who was later slain in the assault on DORIATH. In these lands (which the Grey-elves originally named Talath Rhúnen, 'The East Vale') the Noldor first met the Dwarves from the Blue Mountains. The Men known as the Haladin settled here after entering BELERIAND and encountering hostility from the Green-elves of OSSIRIAND.

PLACES ON THE MAP OF BELERIAND

TOL GALEN,
'The Green Isle', in the River ADURANT in OSSIRIAND where Beren and Lúthien dwelt on their return from the dead, and where the Silmaril cut from Morgoth's crown was held for a time. The region came to be called Dor Firn-i-Guinar, 'Land of the Dead that Live'.

TOL SIRION,
island in the River SIRION, running through the pass between ERED WETHRIN and DORTHONION, on which Finarfin's son, Finrod Felagund, built Minas Tirith, 'The Tower of Watch'. When the tower was captured by Sauron, it was known as Tol-in-Gaurhoth, 'Isle of Werewolves'. Beren and Finrod were imprisoned on this island by Sauron, and it was here that Finrod died saving Beren from a werewolf sent by Sauron to devour him. Huan the hound carried Lúthien to the tower and overcame Sauron himself in wolf's form, after which Lúthien took the mastery of the isle and released its captives.

TUMHALAD,
a valley between the Rivers GINGLITH and NAROG where in battle with the forces of Morgoth 'all the pride and host of NARGOTHROND withered away', defeated by a great army of Orcs and the dragon, Glaurung.

VINYAMAR,
'New Dwelling'; the house in NEVRAST of Turgon, the second son of Fingolfin and founder of the Elven city of GONDOLIN. Many Elves dwelt in this region by the sea because the Vala Ulmo and his servant, Ossë, had once been frequent visitors to these shores. Here Tuor arrayed himself in armour left by Turgon and was sent by Ulmo to Gondolin to warn the King and his people to leave their city and go to the sea.

WEST BELERIAND,
see BELERIAND

PLACES ON THE MAP OF BELERIAND

For those of you interested in journeying further through the lands of Middle-earth, the following map books written by Brian Sibley and illustrated by John Howe are also available:

From THE HOBBIT
*There and Back Again,
The Map of Tolkien's The Hobbit*

From THE LORD OF THE RINGS
*The Road Goes Ever On and On,
The Map of Tolkien's Middle-earth*